Wie uns Hirnforschung, Positive Psychologie
und Weisheiten aus aller Welt den Alltag erleichtern

Mag. Christine Hackl, MSc
Verlag Günther Hofer

Impressum

© 2017 MAG. CHRISTINE HACKL, MSC
ALLE RECHTE VORBEHALTEN

AUTORIN: MAG. CHRISTINE HACKL, MSC
VERLAG: GÜNTHER HOFER
DESIGN, LAYOUT, SATZ & DRUCK:
HOFER MEDIA, 2070 RETZ, IM STADTFELD 3
WWW.HOFERMEDIA.AT
ILLUSTRATIONEN: PROF. DR. ANDREAS BREINBAUER
LEKTORAT: MAG. JULIA MÜLLER, CARMEN HACKL, CHRISTOPH HACKL
FOTO: ASTRID BARTL

ISBN: 978-3-902111-57-9

Frage sucht Zeichen!

EINLEITUNG

Wie es zu diesem Buch kam, wollen Sie wissen, liebe Leserin/ lieber Leser? Ich frage mich, interessiert das wirklich jemanden, wie es dazu gekommen ist?! Nun gut, ich will mich Ihrer Frage gerne stellen und Ihnen kurz schildern, wie es begann.

Es war im Jahr 2000, bei einem meiner ersten Vorträge, die ich - in damals noch sehr kleinem Kreis – halten durfte, als mich die Organisatorin bat, all das Gesagte aufzuschreiben, um sich auch im Alltag daran erinnern zu können. Immer mehr und mehr Menschen sprachen mich bei verschiedensten Vorträgen auf Niederschriften an, bis ich mich dem liebevollem Druck der Menschen beugte und begann, all das Wissen, das sich so im Laufe meiner vielen Jahre unterschiedlichster Ausbildungen und Erfahrungen ansammelte, aufzuschreiben. Nachdem ich aber meinen Beruf oder besser gesagt „meine Berufung", so sehr liebe, erfüllt(e) das nicht nur mein Leben, sondern auch meine Zeitkapazitäten. Daher fuhr ich kurzentschlossen im Sommer 2010 nach Italien, um Ihnen – verehrte Leserin/verehrter Leser – endlich dieses Buch präsentieren zu können. Jahre der Erkenntnisse, Ausbildungen, Studium und Lebenserfahrung sollten dann nochmals dazwischen liegen, damit dieses Werk endlich vor Ihnen liegen kann.

Was ich damit beabsichtige? Na, Sie stellen vielleicht Fragen, liebe Leserin/lieber Leser. Wobei, vermutlich haben Sie recht. Die Frage nach der Absicht dahinter hat schon Berechtigung! Vielleicht darf mein Buch, oder besser gesagt, die Gespräche zwischen den beiden Hauptfiguren, Ihren Geist anregen, anders hinzuschauen. *„Der Kopf ist rund, damit das Denken die Richtung wechseln kann.",* meinte schon Francis Picabia und traf den Nagel damit ziemlich genau auf den Kopf! Vielleicht darf mein Hinschauen Sie auch dazu ermutigen, mit all Ihren Sinnen dem Leben in seiner vollen Fülle zu begegnen; das Wesentliche nicht aus den Augen zu verlieren und in manchen Stunden der Einsamkeit Hoffnung zu geben.

Bitte betrachten Sie dieses Buch und die Gespräche darin als eine Art Supermarkt; als einen Gedanken-Supermarkt, in dem sich viele unterschiedliche Waren (Anregungen) befinden und Sie immer selbstbestimmt genau das aus dem Regal herausnehmen, was Ihnen jetzt gut bekommt. Und wenn es am Ende nur ein Satz ist, den Sie mitgenommen haben, ist es schon genug.

Wenn ich so mit meinen Vorträgen durch die Lande und Nachbarlande ziehen darf, werde ich oft auf meinen verbindenden Weitblick angesprochen. Die unterschiedlichsten Schulen und Zugänge zu vereinen und auf das Verbindende nicht auf das Trennende zu schauen, war und ist immer mein Bestreben. Karl Kraus antwortete einmal auf die Frage, ob es eine Idee gäbe, die er für gefährlich hielte, mit einem – für mich sehr passenden - Satz: *„Jede! Sofern sie die einzige ist!"* Deshalb finden Sie hier auch viele ganz unterschiedliche Ansätze, den täglichen Herausforderungen zu begegnen. Mit einem berühmten Satz von Isaac Newton, den er damals seinem Forscherkollegen Robert Hook schrieb, möchte ich mich schon vorab bei Ihnen, verehrte Leserschaft, bedanken und zugleich viel Freude und Inspiration, Berührung und Begegnung, Tiefe und Weite und vor allem Aussöhnung mit Ihren Problemen wünschen.

„Wenn ich weiter gesehen habe als andere, so deshalb, weil ich auf den Schultern von Riesen stand."

Diese Riesen waren meine großartigen Lehrer und echte Vorbilder, denen ich zu tiefem Dank verpflichtet bin. Es waren aber auch alle, die sich vor mir in den Dienst des Menschen und dem Erfassen der ganzen Persönlichkeit und Struktur gestellt haben. All den faszinierenden Denkern, quer durch alle Epochen und Zeiten, gilt meine Hochachtung und Dankbarkeit.

Und jetzt lassen Sie mich mit einem meiner Lieblingssätze mein persönliches Vorwort schließen:

„Hab den Kopf im Himmel, beide Beine fest am Boden und das Herz bei den Menschen."

Alles Liebe,
Ihre Christine Hackl.

Ps: Der Einfachheit und besseren Lesbarkeit halber, habe ich ungegendert geschrieben und vertraue darauf, dass Sie, verehrte Leserin, sich mindestens genauso angesprochen fühlen. Wenn nicht, richten Sie Ihre Beschwerde bitte schriftlich an Gotthard und Ida, deren Adresse im Anhang steht.
Noch etwas: Sie können eine unbequeme Aussage ruhig auf dem Regal liegen lassen und müssen nicht alles kaufen, was Ihnen angeboten wird. Danke und viel Vergnügen ☺

MAG. CHRISTINE HACKL, MSC
Akademische zertifizierte CSR-Managerin
Dipl. Trainerin für Wirtschafts- und Sozialkompetenzen, Dipl. gewerbliche Lebens- und Sozialberaterin, Dipl. Systemischer Coach

Jahrgang 1971; studierte Psychologie (Schwerpunkt Wirtschaftspsychologie) und Coaching und arbeitet seit dem Jahr 2000 selbstständig als Speakerin, Referentin, Trainerin und Coach.

Inhaltsverzeichnis

Kapitel 1 .... **Seite 9**
„Unser erstes Date" oder Was heißt Eigenverantwortung?

„Alles, was die Seele durcheinander rüttelt, ist Glück"
ARTHUR SCHNITZLER

Kapitel 2 .... **Seite 47**
„Was Hänschen nicht lernt, kann Hans noch lernen" oder Die Macht der Glaubenssätze und Einstellungen.

„Das Glück deines Lebens hängt von der Beschaffenheit deiner Gedanken ab."
MARCUS AURELIUS

Kapitel 3 .... **Seite 69**
„Meine Lebenslandschaft" oder Was man braucht, um Täler zu durchschreiten und die Höhenluft aushalten zu können.

„Glück gleicht durch Höhe aus, was ihm an Länge fehlt."
ROBERT LEE FROST

Kapitel 4 .... **Seite 105**
„Hilfe – das Leben meint MICH!" oder Wenn aus Gedanken Worte und aus Worten Taten werden.

„Der Preis der Größe heißt Verantwortung."
WINSTON SPENCER CHURCHILL

Kapitel 4 ¼ .... Seite 123
„Stress lass nach"

„Was ohne Ruhepausen geschieht, ist nicht von Dauer."
OVID

Kapitel 4 ½ .... Seite 143
„Komm und erzähl mir was, plauder auf mich ein…
aber richtig!" frei nach Herbert Grönemeyer

„Man widerspricht oft einer Meinung, während uns nur der Ton, mit dem sie vorgetragen wurde, unsympathisch ist."
FRIEDRICH NIETZSCHE

Kapitel 4 ¾ .... Seite 171
„Wozu die Urfähigkeit Lernen tatsächlich dient"

„Der Mensch soll lernen – nur Ochsen büffeln"
ERICH KÄSTNER

Kapitel 5 .... Seite 201
„Seelengeflüster" oder Dem Leben begegnen.

„Was nützt es dem Menschen, wenn er Lesen und Schreiben gelernt hat, aber das Denken anderen überlässt?"
ERNST R. HAUSCHKA

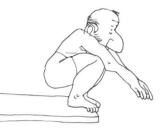

Herzlich Willkommen, liebe Leserin/lieber Leser bzw. liebe Hörerin/lieber Hörer!
Gestatten – **ich bin Gotthard**, der komplizierte Denker. Jetzt muss ich aber gleich mal festhalten: ich selbst find mich nicht kompliziert – ich bin halt einer der wenigen, die noch richtig über alles nachdenken. Meine Bekannten sagen: ein Pessimist wie er im Buche steht; in welchem, können sie mir aber nicht beantworten. Laut Statistik habe ich mein halbes Leben hinter mir, d.h. ich bin jetzt in den Mitvierzigern – erlebe die Midlifecrises in vollen Zügen und pachte mit 100-prozentiger Sicherheit jedes Problem. Aber ich kann wirklich nichts dafür, es ist einfach so.

...und **ich bin Ida**, die Einfachheit. Ich bin voller Erfahrung und Entwicklungen, mit viel Aussicht auf wunderbare Momente der Begegnungen. Ich habe noch mehr als die Hälfte meines Lebens vor mir, wenn ich von der heutigen Lebenserwartung ausgehe, und mich deshalb auf Gotthards Inserat gemeldet, weil ich das Gefühl hatte, nützlich und hilfreich zu sein. Außerdem finde ich es total spannend zu sehen, wie unterschiedlich Menschen auf ein und dieselbe Situation hinschauen können. Ich erlebe auch viele Probleme, aber im Gegensatz zu Gotthard nehme ich sie anders wahr. Aber seht selbst, wie spannend unsere Reise durchs Leben ist...

Kapitel 1

„Unser erstes Date" – oder Was heißt Eigenverantwortung?

„
„Alles, was die Seele
durcheinander rüttelt, ist Glück."
ARTHUR SCHNITZLER

Na gut, dann will ich ihm mal schreiben:

Hallo, Gotthard! Dein Inserat hat mich deshalb angesprochen, weil ich das Gefühl habe, dass du dich trotzdem auf den Weg machst, Menschen mit anderen Denkweisen und Einstellungen zu treffen. Vielleicht darf ich so ein anderer Mensch für dich sein. Wenn es für dich passt, melde dich einfach bei mir.

Vielen Dank für deine rasche Antwort. Deine Worte klingen gut, aber ich glaube nicht, dass du mich aus meinem Tief herausholen kannst.

Nein, das hab ich auch gar nicht vor. Das steht mir auch gar nicht zu. Es gibt nur einen Menschen, der dich da herausholen kann und das bist du selbst. Vorausgesetzt du willst überhaupt aus deinem Tief heraus.

Natürlich will ich das. Wer will denn das nicht?!

Vordergründig teile ich deine Meinung total. Aber in meinem Leben hab ich schon häufig die Erfahrung gemacht, dass Menschen davon profitieren, wenn sie ihr Leben nicht in die Hand nehmen und stattdessen aus der Opferhaltung auf das Leben schimpfen. Wir nennen das den Sekundärgewinn: den versteckten Gewinn einer gewählten Opferrolle oder Krankheit.

Du verwirrst mich noch ehe wir uns persönlich kennen.

Vielleicht sollten wir das tun – uns kennenlernen - dann kann ich dir besser erzählen, was ich damit meine.

Gut. Darauf will ich mich einlassen. Dann treffen wir uns am kommenden Freitag um 18 Uhr im Stadtpark, direkt beim Süd-Eingang. Du erkennst mich an meiner braunen Aktentasche.

Ich werde da sein! Freu mich schon auf dich und deine Erlebnisse. Ach, übrigens: Du erkennst mich an meiner bunten großen Handtasche.

Im Park:

Hallo.

Hi. Schön, dich kennenzulernen. Wie geht's dir denn, Gotthard?

Wie es mir geht, willst du wissen? Na, wie die andern wollen...oder was willst du hören, Ida?

Siehst du, Gotthard, hier fängt es schon mal an. Obwohl ich dich noch gar nicht gut kenne, merke ich, wie sehr du damit deine Kraft abgibst. Mir hat ein Satz dazu vor Jahren sehr die Augen geöffnet. Der Satz heißt sinngemäß: Wem du die Schuld gibst, dem gibst du auch die Macht über dich! Ich glaube, manchmal wissen wir Menschen gar nicht, was wir uns da an unterbewussten Befehlen geben. Außerdem richten wir dadurch unsere Aufmerksamkeit auf etwas, das wir gar nicht wollen. Schau mal her, ich will es dir so erklären: dein Gehirn – meines übrigens auch - bekommt ganz, ganz viele Eindrücke über unsere fünf Sinne, d.h. alles, was wir sehen, hören, riechen, schmecken und tasten bzw. spüren, wird in unserem Hirn gefiltert oder kodiert, wie die Neurobiologen sagen würden, weil wir sonst viel zu viele Eindrücke hätten, die wir in dieser Vielzahl niemals

verarbeiten könnten. Nur damit du ein wenig diese Größenordnung zwischen unterbewusster und bewusster Wahrnehmung in ein Bild bringen kannst, hier ein Vergleich dazu: Deine unterbewusste Wahrnehmung entspricht etwa der Größe eines Fußballfeldes. Zu dieser unterbewussten Wahrnehmung zählt alles, was du über deine fünf Sinne an Informationen geliefert bekommst. Lediglich ein minimaler Ausschnitt davon kann bewusst wahrgenommen werden. Umgelegt auf unser Fußballfeld, hätte die bewusste Wahrnehmung etwa die Größe einer Zündholzschachtel! Kannst du dir das vorstellen, Gotthard?

> Jetzt muss ich dich gleich unterbrechen: du sagst, du bist Ida, die Einfachheit und dann rückst du mit solch unglaublich komplizierten Dingen an?

Ja, ich versteh dich gut, lieber Gotthard, aber du wirst sehen, wie sich später alles ordnet und gut zusammenfließt, auch, wenn es sich jetzt komplex anhört. Außerdem hab ich nie behauptet, dass einfache Dinge nicht komplex sein dürfen. Sie sind niemals kompliziert, weil sie einer ganz tiefen Klarheit entspringen, dennoch erscheinen sie uns manchmal fast unfassbar. Stell es dir einfach so vor: während du in deiner Wohnung Frühjahrsputz machst, schaut es meist unordentlicher aus, als zuvor. Dennoch gehört dieser Vorgang dazu und hinterher ist alles klar, sauber und gut geordnet.

> Okay, aber das mit der Wahrnehmung verstehe ich trotzdem noch nicht genau.

Lass es mich so ausdrücken: dein Gehirn hat eine sehr präzise Anleitung, welche Eindrücke es aus dieser Unmenge herausfiltert. Zuerst filtert es nach dem Prinzip der Wichtigkeit. Wichtig ist – unter anderem - für unser Gehirn alles, was unser Überleben sicherstellt und wir gedanklich fokussieren, d.h. worauf wir die Aufmerksamkeit richten. Nur sag ich dir gleich jetzt, lieber Gotthard, unser Gehirn kann Negierungen nicht optimal verarbeiten. Dazu zählen all diese Worte wie „nicht" und „kein". Nachdem sich da aber auch die Neurowissenschafter noch ziemlich uneinig sind, wie das jetzt genau wirkt und wie nicht, würde ich dir der Einfachheit halber lieber raten, die Aufmerksamkeit auf das zu richten, was du möchtest. Weißt du, im amerikanischen Sprachraum sagt man: „The energy flows, where the attention goes." Was sinngemäß bedeutet, dass wir uns dorthin entwickeln, wo wir uns hindenken. Außerdem haben Hirnforscher herausgefunden, dass unser Hirn plastisch, also formbar ist. Neuroplastizität heißt das in der Fachsprache und meint damit, dass unser Hirn so wird, wie wir es benutzen.

> Moment, Moment! Das würde ja bedeuten, dass ich meine gesamten Angstkonstrukte und meine Gedanken darüber, was hoffentlich alles nicht eintreten soll, nicht mehr denken darf?!

Denken darfst du immer das, was du denken möchtest, lieber Gotthard, allerdings würde dich eine andere Denkhaltung vermutlich weiterbringen und das noch dazu in einer vollkommen anderen Lebensqualität. Hör mal den Unterschied. Wenn ich jetzt sage: hoffentlich werde ich nicht wieder im Urlaub krank oder hoffentlich wird mir in meiner Firma nicht gekündigt, oder, oder. Was macht das mit dir, lieber Gotthard?

> Nun, dieses Gefühl kenne ich. Es macht mich unsicher und ängstlich, außerdem lässt es mich kaum mehr ruhig irgendetwas genießen, weil sich von da an alles in mei-

nem Kopf nur mehr um das dreht. Wie ein Geier, der ständig über seiner Beute wacht.

Und welcher Kreislauf an Gefühlen entwickelt sich daraus?

Na ja, diese Unsicherheit spüren dann auch die Menschen in meinem Umfeld, meine Freunde und Kollegen in der Firma.

Und weiter...

Es macht mir das Leben schwer.

Aber ist das nicht bei allen Menschen gleich und vor allem, ist das Leben nicht generell schwer?

Darüber würd ich gerne noch ausführlicher mit dir plaudern, jetzt möchte ich dir lieber dieses Phänomen weiter erklären. Also, du sagst selbst, wenn du so denkst, dann fühlst du dich ängstlich, unsicher und deinem eigenen negativen Denken ausgeliefert. Was glaubst du, wie sehr sich dieses Gefühl auf deine Handlungen auswirkt?

Nur alleine, wenn du das so sagst, wird mir schon leicht schlecht, weil ich diese Unsicherheit und dieses Hadern in meinem Tun gut kenne.

Ok und nun die andere Aussage: Ich spüre meine Unsicherheit und vertraue trotzdem darauf, dass alles so kommt, wie es für mich und alle Beteiligten gut und richtig ist! Ich vertraue darauf, dass ich gesund bleibe und sich die Dinge gut ordnen! Und echtes Vertrauen hat nichts mit Naivität zu tun. Es ist einfach das Gegenteil von Angst und dem Gefühl alles kontrollieren zu müssen. Wie klingt das für dich?

Wenn ich ehrlich bin, macht es mich innerlich ruhiger und sicherer.

Siehst du: „The energy flows, where the attention goes"!

Nun gut, Ida, du hast vorher davon gesprochen, dass unser Gehirn nach Wichtigkeit filtert und mir erzählt, dass damit mein innerer Fokus gemeint ist. Ich glaub ich kenn das von meinem Auto. Als ich vorhatte, mir ein neues Auto anzuschaffen, sah ich plötzlich überall mein Wunschmodell. Jetzt weiß ich endlich, warum mir das dann überall begegnet ist! Kann man das damit vergleichen?

Ja, mein Lieber, durchaus. Das hat mit deiner selektiven Wahrnehmung zu tun.

Jetzt machst du mich aber schon sehr neugierig auf die anderen Filter. Wie viele gibt es da überhaupt?

Einige, mein Freund, allerdings sind für uns die drei Hauptfilter, die ich dir gleich weiter erklären mag, die wichtigsten. Der zweite Filter ist unser Prägungsfilter. Das bedeutet, dass all das, was dich in deinem Leben geprägt hat, deine Erlebnisse, deine Erfahrungen, deine Erwartungen, deine Erziehung, usw. deinem Gehirn als Filter dient. Nach diesen Kriterien selektiert es. Dieser Vorgang ist in uns schon seit der Entwicklung des Menschen ganz tief verankert. Damit konnten unsere Vor-, Vor-, Vor-, Vorfahren sofort giftige Beeren von ungiftigen unterscheiden und sich selbst und ihre Sippe rasch versorgen. Durch dieses Prägungslernen konnten sie das Wissen geballt weitergeben.

Sag mal, Ida, wenn du sagst, dass sich der Prägungsfilter auf unsere Erlebnisse stützt, dann kommt mir jetzt in diesem Moment die Wichtigkeit des ersten Filters in den Sinn. Unser aktuelles Denken wird doch später zu unseren Prägungen, oder irre ich mich?

Nein, lieber Gotthard, du hast vollkommen recht. Allerdings hast du täglich wieder die Wahl, diesen ersten Filter zu verändern. Gleich einem Radiogerät, das in der Lage ist, viele Sender zu empfangen und dennoch nur das wiedergeben kann, was der eingestellten Frequenz entspricht. Auch wenn auf einem anderen Sendeplatz eine weit angenehmere Musik gespielt wird, können wir sie nicht hören.

Allmählich kommt ein flaues Gefühl in mir hoch, Ida, weil das auch bedeutet, dass ich für das, was mir passiert, selbst die Verantwortung trage, oder?

Nun ja, lieber Gotthard, du kannst nicht alles beeinflussen, was dir passiert. Es gibt Schicksale, Krankheiten, Aussagen anderer Menschen ... Und dennoch hat dieses Gefühl in dir jetzt Berechtigung, weil es dich an deine Eigenverantwortung erinnert. Und diese bleibt tatsächlich immer bei dir. Eigenverantwortung nennt man die Verantwortung sich selbst gegenüber. Das heißt, was du aus einer Situation - aus einem Schicksalsschlag, aus einer negativen Kritik, aus einem finanziellen Verlust usw. - machst, bleibt bei dir und liegt ausschließlich an dir. Sehr oft schieben Menschen diese Verantwortung lieber auf die äußere, böse Welt ab. Vor allem, wenn es nicht so läuft, wie sie das gerne hätten. Das nennt man dann „Schuld geben".

Ich glaub, jetzt hast du mich voll erwischt, Ida. Ich mach das auch immer wieder. Aber ich wäre heute wirklich schon ein anderer Mensch, in einer anderen beruflichen Position, wenn mich meine Eltern damals auf meine Lieblingsschule gehen lassen hätten. Außerdem wäre ich heute viel erfolgreicher, wenn mich meine erste Freundin damals nicht - Taugenichts, aus dem nie was werden wird - geschimpft hätte.

Spürst du, was du da tust, Gotthard? Du lieferst dich aus. Du machst dich abhängig von den Entscheidungen anderer Menschen, deren Aussagen und Schicksalen. Wie wäre es, wenn du jetzt sagen könntest: „Es war wie es war und ab heute bestimme ich, was ich aus meinem Leben mache und wie ich mit Situationen umgehe!"?

Die Kraft dieser Aussage spüre ich schon, aber zugleich muss ich auch zugeben, dass es mir ein wenig Angst macht. Das würde ja bedeuten, dass mir die Grundlage für meine schlechten Gefühle abhanden kommt.

Ja, mein Guter, das ist tatsächlich der Preis für diese Eigenverantwortung. Sie fordert einen manchmal ganz ordentlich und ist noch dazu ziemlich unbequem. Dennoch würd ich es für mich nie mehr anders haben wollen, weil ich so das Gefühl habe, mein eigener Lebensgestalter zu sein. Dann dürfen aus Schicksalen Machsale werden. Schicksal meint das Unbeeinflussbare, das unseren Lebensweg kreuzt und oft sogar aus der Bahn wirft. Durch diese gelebte Eigenverantwortung darf es zu unserem Machsal werden. Also zu etwas, was wir daraus machen und werden lassen. Sehr oft entpuppen sich Schicksale als Förderer unserer Talente und Fähigkeiten, aber dazu später.

Nun gut, ich lass das mal ein wenig wirken. Erzähl mir inzwischen über den dritten Filter.

Das ist unser Hormonfilter, Gotthard.

Hormonfilter? Wir filtern aufgrund unserer Hormone?

Ja, genau. Schau mal, wenn du dich jetzt zum Beispiel über eine Situation ärgerst, dann produziert dein Gehirn Stresshormone. Dazu zählen unter anderem die Hormone Adrenalin und Noradrenalin. Durch diese Stresshormone verändert sich unsere Wahrnehmung. Auch, wenn wir alles so furchtbar ernst nehmen, produzieren wir Stresshormone und wissen gar nicht, wie sehr das unsere Wirklichkeit verzerrt und unserer Gesundheit schadet. Gott sei Dank gibt es diese Wirkung aber auch in die positive Richtung. Warst du schon mal verliebt, mein Freund?

Was für eine Frage? Natürlich war ich das. Allerdings hat mich meine Freundin dann verlassen, obwohl ich sie immer umsorgt und ihr alles abgenommen hab.

Über das Gelingen einer Beziehung würd ich dir auch noch gerne etwas erzählen, weil ich da selbst viel erleben und lernen durfte. Aber du kennst dieses Gefühl?

Ja, sogar gut.

Hast du gemerkt, wie sehr sich in dieser Zeit deine Wirklichkeit verändert hat?

Du hast recht, Ida. In dieser Zeit waren die Menschen wirklich freundlicher und zuvorkommender als sonst.

Merkst du allmählich, dass es niemals so etwas wie eine absolute Realität oder Wahrheit gibt, sondern nur unsere Auszüge davon und diese weit mehr mit uns zu tun haben, als wir glauben?! Wenn unsere gesamte Wahrnehmung die Größe eines Fußballfeldes hat, haben diese Auszüge die Größe einer Zündholzschachtel. Du erinnerst dich... Das nennen wir dann Wirklichkeit. Anders gesagt: diese Wahrnehmung hat eine Wirkung auf uns und ist wirklich zugleich, weil wir das ja tatsächlich erleben.

Jetzt verwirrst du mich aber...

Keine Sorge, deine Verwirrung wird sich gleich lösen, wenn ich dir das anhand eines Beispiels erkläre. Würdest du zehn blinde Menschen bitten, einen Elefanten zu beschreiben, den sie gerade berühren, würde jeder von ihnen genau die Stelle beschreiben, die er gerade ertastet. Möglicherweise würde der Erste

sagen, der zufällig den Fuß fasst, dass so ein Elefant sehr hart und klobig ist; ein anderer, der das Ohr erfühlt, würde vielleicht erzählen, dass ein Elefant etwas sehr Flaches, Dünnes und Weites sein müsste und ein weiterer, der vielleicht gerade seine Augen erwischt hat, würde den Elefanten wieder ganz anders definieren. Er würde vielleicht so etwas sagen, wie glatt, feucht und sanft. Und die anderen hätten wieder ganz eigene Attribute für den Elefanten, je nachdem, wo sie sich eben befinden. Würde man dich, lieber Gotthard, jetzt fragen, wer von diesen Menschen jetzt recht hat und die Wahrheit sagt, wie würdest du antworten?

> Ich? Ich könnte jedem dieser Menschen zustimmen, denn für mich beschreiben sie alle nichts anderes als ihre Wahrnehmung oder wie du sagen würdest, ihre Wirklichkeit.

Siehst du, genauso ist es mit der Welt von uns Menschen. Jeder nimmt sie anders wahr, auf Grund der Prägungen, seines aktuellen Denkens und der Hormone, die durch seinen Körper fließen. Verstehst du jetzt auch, warum ein und dieselbe Situation von unterschiedlichen Menschen ganz unterschiedlich gesehen werden kann? Und, dass es so etwas wie die absolute Wahrheit nie geben wird? Heinz von Förster, das war ein sehr beeindruckender Biophysiker, würde sagen, dass die Beobachtung niemals losgelöst vom Beobachter gemacht werden könne. Wir könnten auch sagen: wir konstruieren uns in gewissem Maße unsere eigene Welt.

> Ja, Ida, allmählich beginne ich zu begreifen, was du meinst. Aber wie und wo beginnt Veränderung, damit ich nicht immer nur Unangenehmes herausfiltere?

Wenn du mich so fragst, Gotthard, ist die optimalste Möglichkeit, beim aktuellen Denken anzusetzen, d.h. dir einmal darüber Gedanken zu machen, was du überhaupt möchtest. Sehr oft wissen wir Menschen recht genau, was wir nicht wollen, aber kaum, was wir möchten. Es gibt allerdings auch einen anderen Weg, nämlich indem du beginnst, anders auf deine Vergangenheit hinzuschauen. Damit verändert sich deine Prägung automatisch. Du weitest sie quasi aus. So siehst du nicht nur die Enge der negativen Erlebnisse, sondern auch die Momente des Gelingens und des Glücks. Weißt du, ich glaube, dass es auch in deinem Leben viele Dinge gab, die sehr gut funktionierten, nur blenden wir diese oft aus. Wenn ich dich bitte, mir zu erzählen, was in deinem bisherigen Leben gut gelaufen ist, was würdest du antworten?

> Dass ich Zeit brauche, um darüber nachzudenken, denn im Moment fällt mir dazu nicht allzu viel ein.

Gut, nehme ich. Stell dir trotzdem hin und wieder diese Frage, wenn du magst. Dann wirst du sehen, wie allmählich aus deinem ganz tiefen Erfahrungsschatz auch solche Erinnerungen auftauchen. Dieses Phänomen nennen wir retikuläres System.

> Wenn du mir liebevollerweise noch erklärst, was das bedeutet, kann ich möglicherweise noch mehr damit anfangen.

Dein sarkastischer Humor gefällt mir! Wenn du mich aussprechen lassen würdest, könnte ich es dir nämlich ganz rasch näherbringen.

> Hut ab vor deinem Konter, Ida!

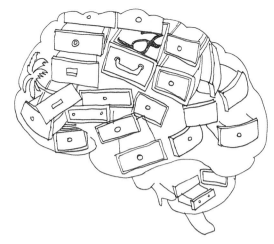

Also: stell dir das menschliche Gehirn - ganz vereinfacht gesagt - als ein Ladensystem vor. Unmengen von Laden, welche die unterschiedlichsten Dinge beinhalten. Da gibt es vielleicht eine Lade mit dem Begriff Sommerurlaub. In dieser Lade ist alles gespeichert, was mit Sommerurlaub verbunden ist. Fragt dich jemand nach diesem Begriff, geht dieses Kästchen auf und plötzlich fallen uns Begebenheiten ein, an die wir uns oft schon jahrelang nicht mehr erinnert haben. So verknüpft dein Gehirn ein Wort mit etwas bereits Abgespeichertem. Diesen Vorgang nennen wir Aktivierung des retikulären Systems. Deshalb ist unsere Vergangenheit im Grunde auch immer ein Produkt unseres gegenwärtigen Hinschauens, oder anders ausgedrückt unseres RAS (Retikuläres Aktivierungssystem). Sie bietet so viel mehr, als wir glauben. Wenn du so vorgehst, mein Guter, kannst du entdecken, dass deine Vergangenheit auch aus vielen schönen Momenten besteht, nicht nur aus Problemen.

> Allmählich beginnen deine Ausführungen für mich Sinn zu machen, Ida!

War das jetzt ein Kompliment? Danke dafür. Probleme zu sehen ist eben nur eine von vielen Möglichkeiten der Wahrnehmung. Apropos Probleme. Dazu würd ich dir auch noch gerne etwas erzählen.

> Da bin ich aber jetzt gespannt, denn wenn es um Probleme geht, bin ich DER Profi!

Du bist vermutlich Experte im Problemerzeugen …

... und du im Problemlösen?!

Hey, Gotthard, ein netterer Ton, bitte!

Ok, es tut mir leid!

Eines vorweg: der Experte für dein Leben, deine Probleme UND deren Lösungen bist immer du selbst! Ich biete dir lediglich an, etwas über die Hintergründe und Entstehung unserer Probleme und einiger Lösungsmöglichkeiten zu erfahren.

Ich bin gespannt.

Sehr häufig stecken hinter unseren Alltagsproblemen lediglich vier Grundursachen. Diese Grundursachen bilden quasi das Fundament, auf dem alle anderen Probleme aufbauen.

Meine Neugier wächst, komm sag schon…

Nur mit der Ruhe, lieber Gotthard, zuerst warst du dein halbes Leben unterwegs, ohne hinzuschauen und zu reflektieren und jetzt willst du gleich alles auf einmal wissen.
Hör zu. Die erste Grundursache heißt: „zu ernst". Das bedeutet, dass wir alles viel zu ernst nehmen, weil wir ernst und wichtig im Laufe unserer Entwicklung verwechselt haben. Wir glauben, wichtiger zu sein, wenn wir mit permanent ernster Miene durch die Gegend laufen.

Aber es heißt doch ständig, ich möchte ernst genommen werden…

Frage sucht Zeichen!

Damit beginnt dieses Dilemma, da hast du vollkommen recht, Gotthard. Kannst du dich an den dritten Filter erinnern, an den Hormonfilter?

Natürlich kann ich das!

Dann kannst du jetzt erkennen, wie sehr das alles zusammenspielt. Wenn wir alles so ernst nehmen, produzieren wir unglaublich viele Stresshormone, die dann wieder von unserem Körper abgebaut werden müssen.

Das versteh ich jetzt nicht ganz.

In Ordnung. Ich glaub, der Umgang mit Stress ist ein eigenes Thema.

Was hältst du davon, wenn wir uns das später genauer anschauen?

Machen wir. Wo waren wir stehen geblieben?

Bei der ersten Grundursache „zu ernst". Das bedeutet, dass wir alles viel zu ernst nehmen und uns dadurch das Leben unnötig schwer machen. George Bernhard Shaw hat dazu ein Zitat geprägt: „Das Leben ist viel zu wichtig, um es ernst zu nehmen!" Er zeigt uns sehr deutlich auf, was wir verlernt haben: Das Leben, die anderen Menschen und uns selbst wichtig zu nehmen, aber nicht immer so ernst! Ein sehr lieber Freund von mir durfte seine größte Lektion in puncto Ernstsein im Rahmen seiner Arbeit als Wasseraufbereiter erfahren. Als er vor einigen Jahren nach Äthiopien kam und das Elend dort sah, hatte er einen dementsprechend ernsten Blick. Vom Stammesältesten achtsam beäugt und begrüßt, begann die ganz persönliche Entwicklungshilfe meines Freundes, wie er mir später mitteilte. Sinngemäß sagte der Einheimische zu ihm: *„Wenn du weiter so ein Gesicht aufsetzt, mit den Mundwinkeln ganz nach unten, bringe ich dich nicht in mein Dorf. Ich habe den Menschen meines Stammes erzählt, dass du aus einem Land kommst, in dem es weder Krieg noch Hungersnot gibt. Bei uns wird dir keine Menschenseele begegnen, die einen ähnlich ernsten Blick aufsetzt. Und das, obwohl wir weit mehr Gründe dazu hätten. Wenn ich dich jetzt so mitnehme, nimmst du meinen Menschen die Hoffnung, dass es besser wird, wenn der große, weiße Mann kommt. ... und das steht dir nicht zu! Ich gebe dir jetzt eine Frage mit und dann nimmst du dir Zeit darüber nachzudenken und erst danach bringe ich dich zu meinem Stamm."*

Diese Frage klingt sehr wichtig, Ida.

Ja, ist sie auch. Nicht nur für meinen Freund, möglicherweise für uns alle. Sie lautete: *„Wie viel Berechtigung hast du, so ernst zu schauen?"* Natürlich gibt es Augenblicke, wo dieser ernste Blick mehr als berechtigt ist. Wenn etwas passiert, das uns traurig macht oder etwas nicht nach unseren Vorstellungen läuft, dann sollen und dürfen wir uns auch die Freiheit nehmen und es dementsprechend ausdrücken. Aber ist dir schon einmal aufgefallen, welch ernsten Blick wir oft aufsetzen, obwohl wir keine Berechtigung dazu hätten? Und genau darum geht es.

Das sind die Zeiten, in denen wir uns das Leben selber schwerer machen, als es sein müsste, das beginne ich allmählich zu begreifen.

Das ist gut, Gotthard. Weißt du, was uns aus dieser Grundursache herausholen kann? Lachen! Wir Menschen haben diese Urfähigkeit ganz instinktiv in uns angelegt, nur leider verlernen wir das im Laufe unseres Lebens. Auch in unserer Kultur lacht ein gesundes Kind in etwa 300 Mal am Tag. Wir Erwachsene hingegen nur mehr zwei bis zwölf Mal. Dabei würde genau dieses Verhalten dazu beitragen, den richtigen Blick aufs Leben zu bekommen. Außerdem ist es ein Faktor für Glück!

Für Glück?

Ja, richtig gehört. Menschen, die öfter und mehr lachen als andere, sind glücklicher. Lachen bringt uns wieder in Verbindung mit uns selbst und dadurch vergessen wir für ein paar Momente über uns selbst zu urteilen und uns permanent mit anderen zu vergleichen. In diesem Augenblick spielt es auch keine Rolle, wie wir aussehen und uns verhalten. Wir erleben uns einfach pur und echt, so wie wir sind. Miniauszeiten von unseren eigenen, oftmals selbstzerstörerischen Gedanken. In unserem Gehirn spielen sich dabei grandiose Dinge ab. Glückshormone, wie Endorphine und Seratonine werden produziert und diese wiederum bewirken, dass wir uns nicht nur glücklicher fühlen, sondern dadurch auch weit mehr glücklichere Momente erleben. Weißt du, was das Beste ist, lieber Gotthard?

Sag, Ida!

Wir können Lachen auch künstlich erzeugen, indem wir einfach die Mundwinkel nach oben geben und so tun als ob wir lächeln würden. Bereits nach 30 Sekunden beginnt unser Gehirn Endorphine zu produzieren, weil es für unser Gehirn einfach keinen Unterschied macht, aus welchem Grund die Mundwinkel nach oben gehen. Ob das jetzt ein äußerer Impuls war, der diese Bewegung auslöste oder ein ganz bewusst gewählter, spielt keine Rolle. Das Gehirn reagiert in dieser Hinsicht ziemlich mechanisch. Selbst, wenn sich das jetzt für dich komisch anhört, probiere es einmal aus.

Das hört sich bei aller Einfachheit trotzdem schwer an.

Keine Sorge, wenn wir das öfter üben, wird es uns immer vertrauter und dann haben wir´s genau in diesen Momenten parat, in denen es uns gut ansteht.

Die Frage ist, belüge ich mich damit nicht selbst?

Ich erlaube mir mit einer Gegenfrage zu antworten. Belügen wir uns nicht selbst weit mehr, wenn wir gesund sind, in einem friedlichen Land leben dürfen, keinen Hunger leiden, usw. und dabei ständig so tun, als würde man uns alles weggenommen haben?

Hm? Ich glaub, ich beginne zu verstehen...

Weißt du, lieber Gotthard, normal – also der Norm der Kultur entsprechend – heißt nicht automatisch gut! Und manchmal ist das Gute eben nicht normal.

Darüber will ich noch nachdenken.

Das klingt fein. Tu das.

Magst du noch die anderen Grundursachen hören, Gotthard?

Frage sucht Zeichen!

Ja, bitte!

Die zweite Grundursache, warum wir Menschen die Probleme haben, die wir haben, heißt: *„Zu wenig im Hier und Jetzt"*.

Na das klingt vielleicht hochtrabend, Ida!

Das mag schon sein, dennoch zeigt es sich, dass der Großteil deiner und unserer Probleme aus dem Vergangenen und/oder aus dem Zukünftigen besteht. Wenn du eine Zahl dazu magst, würde ich meinen, dass 98 % aller Probleme auf dieser Grundursache fußen. Wir vergleichen unbewusst die Bilder aus der Vergangenheit und aus der Zukunft mit den Idealbildern, mit unseren Konstrukten über die Wirklichkeit. Dabei können wir meist nur verlieren. Wir kommen dann ins Hadern, weil wir glauben, dass es anders sein müsste. Oft entwickeln wir dabei Ängste, dass etwas tatsächlich so kommt, wie es von uns selbst in unserer negativsten Vorstellung konstruiert wird.

Das kommt mir leider wieder sehr bekannt vor, was du da sagst. Wenn ich mir denke, wie oft ich damit hadere, nur weil etwas nicht nach Plan gelaufen ist. Oder wie sehr ich mich mit Geschehenem herumplage, obwohl die Dinge ohnedies nicht mehr veränderbar sind. Unzählige Beispiele fallen mir dazu ein. Eines, das noch immer sehr in meinem Kopf herumschwirrt, ist die letzte Weihnachtsfeier. Ich sollte vor versammelter Mannschaft - inklusive Vorstandsgremium - eine Ansprache halten. Nachdem das Mikro ständig ausfiel und die ersten Kollegen schon zu tuscheln und grinsen begannen, kam ich vor lauter Röte und Blamage fast um. Grauenhaft. Dieses Ereignis hat mich schon viele Stunden des Grübelns gekostet, Ida.

Das kann ich gut verstehen. Nur, wenn du heute noch immer darüber brütest, obwohl es schon längst vergangen ist, machst du dir heute das Leben schwer und hinderst dich selbst am Genießen des jetzigen Augenblicks. Du legst dieses Bild über das Idealbild. Das meinte ich mit dem Vergleichen. Die Wirklichkeit wird mit dem Idealkonstrukt verglichen. Wenn das nicht übereinstimmt, werden wir traurig und fühlen uns verzweifelt.

Das Gleiche gilt natürlich, wenn du deinen Kopf ständig mit Gedanken über deine Zukunft vollpumpst. Dieses permanente „*Wie-wird-das-wieder-werden-Denken*" kostet weit mehr Kraft als du glaubst. „*Wer sich Sorgen macht, gibt seinen Sorgen Macht.*", ermahnt uns Andreas Tenzer mit seinem Zitat. Der überwiegende Teil aller unserer Probleme stammt aus der Vergangenheit oder aus der Zukunft. Genauer gesagt, aus dem kontraproduktiven Umgang mit den Dingen, die vorbei sind und die kommen werden.

> Ja, und wie entkomme ich dieser Falle?

Nun, das ist gar nicht so schwer, mein Freund. Es braucht allerdings ein anderes Hinschauen. Erstens: wenn es vorbei ist, lass es vorbei sein. Punkt. Im zweiten Schritt frag dich, was du aus der Situation lernen und entwickeln kannst, gerade deshalb, weil es war wie es war.

Nachdem du mich so fragend anblickst, möchte ich dir gerne ein Beispiel geben. Schau her. Als ich klein war, lief einiges schief in meinem Leben. Ich musste Gewalt erfahren und lernen, dass einem nicht alle Menschen wohlgesonnen sind. Hadernd mit meinem Schicksal, kam ich täglich mehr ins Grübeln. Bis zu einem markanten Wendepunkt; herbeigeführt durch einen großen Lehrer, dem ich begegnete, als ich siebzehn Jahre alt war. Nachdem ich ihm meine Geschichte anvertraute, gab er mir zur Antwort, dass auch das für mich und mein Leben wichtig war, sonst wäre es nicht gewesen.

Wie bitte? Was soll denn das?

Ja, so ungefähr antwortete ich auch. Dennoch sagte er zu mir: *„Uns passieren ohnedies nur zwei Dinge in unserem Leben, die richtigen und die wichtigen! "* Wenn uns das, was uns passiert ist, nicht richtig erscheint, dürfen wir trotzdem darauf vertrauen, dass es für uns wichtig war, sonst wäre es anders gewesen. Im Nachhinein bestätigt sich diese Weisheit immer. Vorerst aber zurück zu meiner Geschichte und der weiteren Ausführung meines Lehrers. Er sagte weiter: *„Wenn wir jetzt davon ausgehen, dass das, was dir geschehen ist, für dich wichtig war und du dich einmal fragen würdest – wofür - was würdest du dann antworten?"* Nach überwundenem, kurzen Schock über diese Worte und anfänglichem Schweigen, kam meine Antwort weit spontaner als gedacht: *„Ich weiß jetzt, wie sich unten anfühlt." „Außerdem wird mir immer mehr bewusst, wie viel ich aushalten und trotzdem weiterleben kann. Es zeigt mir die Verletzbarkeit unseres Körpers und zugleich die Unverwundbarkeit unserer Seele!"* Viktor Frankl würde es so ausdrücken: *„Eine Seele ist viel zu groß, um von anderen Menschen zerstört zu werden!"* Siehst du, lieber Gotthard, all das hätte ich nie so sehen können, wäre ich nicht mit dieser Frage konfrontiert worden.

Das klingt schon sehr weit für mich, Ida. Dabei dachte ich, so leicht und fröhlich wie du wirkst, kannst du niemals in deinem Leben etwas Schlimmes erlebt haben.

Ja, ja, so kann man sich täuschen, nicht wahr?! Mein –vielleicht beschwingtes - Gemüt, wie du es nennst, hat weit mehr damit zu tun, dass ich gelernt habe und täglich weiterlerne, im Moment zu leben. Ich habe auch Ziele. Sie geben mir Halt und Orientierung. Gleich wie ein Leuchtstern, an dem man sich ausrichten kann. Aber das Leben findet da statt: JETZT und im Moment!

    Wären da nicht noch die zukünftigen Sorgen, die mir oft einen ganzen Tag vermiesen.

Für die Zukunftsbewältigung brauchst du andere Strategien. Als Erstes denk dich dort hin, wo du hin möchtest, du weißt schon warum.

    Ja, wegen der selektiven Wahrnehmung.

Hey, was du dir schon alles gemerkt hast. Du kannst schon richtig stolz auf dich sein, denn jede Veränderung beginnt damit, dass wir die Dynamik dahinter verstehen lernen und dadurch Bewusstsein schaffen. Ohne Bewusstsein kann ich nichts umgestalten. Oder um es in Freuds Worten auszudrücken: „Wo Es ist, soll Ich werden!" Anstelle des diffusen Nicht- oder Unbewussten (Es), darf Bewusstsein und Klarheit (Ich) rücken. Bevor es jetzt wirklich kompliziert wird, bringen wir die zweite Komponente für einen gesunden Umgang mit unserer Zukunft ins Spiel. Diese Zutat heißt Vertrauen.

    Du bist mir ja sehr sympathisch, Ida. Aber Vertrauen klingt für mich nach Naivität und Blauäugigkeit.

Hatten wir das nicht schon? Weißt du Gotthard, Naivität und Blauäugigkeit, wie du das nennst, wäre die massive Übertreibung des Wertes Vertrauen. Es hat aber absolut nichts mit dem guten Vertrauen zu tun. Vertrauen heißt Hinschauen. Alle Faktoren in Gedanken durchspielen, damit wir den unnötigen Ängsten die Macht entziehen und dann darauf vertrauen, dass es genauso kommt, wie es für uns selbst und für alle Beteiligten am besten ist. Merkst du, dass das etwas völlig anderes ist?

> Ok, ich gebe zu, ich hab Menschen, die vertrauen, immer belächelt und sie als naiv und oberflächlich bezeichnet. Vermutlich weil ich es nicht besser wusste.

Schau, du kannst es auch so betrachten, wie es Aristoteles gemeint hat. Er sagte, dass jeder Wert, der keinen natürlichen Spannungswert hat, in die Übertreibung kippt. Ein Spannungswert ist ein Wert, der eben eine Spannung herstellt, weil er als der andere Pol eines anderen Wertes betrachtet werden kann. Nehmen wir ein Beispiel, lieber Gotthard: du hast einen wunderbaren Wert, nämlich Sparsamkeit.

> Ok, soweit kann ich dir noch gut folgen!

Also, wie glaubst du, verhalten sich Menschen, wenn sie nur mehr sparsam sind?

> Vermutlich führt das in der übertriebenen Version in den Geiz, oder?

Das kann ich mir auch gut vorstellen, Gotthard. Ein guter Spannungswert wäre jetzt zur Sparsamkeit die Großzügigkeit.

> Ah! Ok, jetzt verstehe ich. Wenn die Großzügigkeit ohne den Spannungswert Sparsamkeit wäre, würde das auch in die übertriebene Version münden und wahrscheinlich ein Verhalten von Verschwendung erzeugen.

Genau, Gotthard. Mir gefällt, wie du beginnst auf dich selbst und auf das Leben hinzuschauen. Du lernst rasch und entpuppst dich als Schnellchecker…

> Hey, das ist aber nicht fair. Trau mir meine Veränderung zu!?

Du hast recht. Das war jetzt wirklich nicht in Ordnung von mir, so über dich zu denken. Es tut mir leid. Trotzdem ist es ein zutiefst menschliches Verhalten. Wir bewerten Menschen, Dinge, Situationen, Orte, Informationen, etc. und zwar zu jeder Zeit.

> Wie soll ich denn jemals einen wertfreien Umgang mit der Welt lernen, wenn sogar du bewertest, Ida?

Deine Frage ist vollauf berechtigt, Gotthard. Dennoch war dieses Bewerten-können ein sehr nützliches Verhalten unserer Vorfahren.

> Du sprichst häufig von unseren Vorfahren, fällt dir das auf?

Durchaus, mein Freund, weil sich so einige dieser Verhaltensweisen recht gut erklären lassen, die wir als moderne Menschen noch immer an den Tag legen. Also, unsere Urahnen konnten durch das schnelle Werten und Bewerten Situationen gut ein- und abschätzen. Das war sogar so wichtig, dass dieser

Vorgang noch bis heute automatisch in unseren Gehirnen stattfindet. Allerdings üben sich exzellente und gut-reflektiere Menschen permanent im Neuhinschauen und im Neudenken. Sie fragen sich, wie der andere Mensch oder Umstand noch sein und betrachtet werden könnte. Dadurch wird es möglich, unsere vorgefertigten Bewertungen zu hinterfragen und die geistigen Schubladen wieder zu öffnen, in welche wir vorschnell Menschen und Dinge ablegen.

Zusammenfassend sei gesagt: du kannst diesen Vorgang der Bewertung niemals ausschalten, aber immer wieder beginnen, neu hinzuschauen.

Puh, aber ich werde es versuchen, Ida!

Eigentlich wollte ich dir noch etwas zum Umgang mit dieser zweiten Grundursache sagen. Erst, wenn wir konstruktiv mit unseren Erfahrungen und Erlebnissen aus der Vergangenheit und den möglichen Geschehnissen der Zukunft umgehen lernen, wird es möglich, ein Leben im Hier und Jetzt zu führen. Denn, was war, ist vorbei und was kommen wird, das kommt. Paulo Choelo hat in seinem Buch „Sei wie der Fluss..." geschrieben, dass wir Menschen manchmal schon sonderbare Wesen sind. Er sagt: *„Das Komische an den Menschen ist, dass sie immer verkehrt herum denken. Wenn sie Kind sind, wollen sie schnell erwachsen werden und sehnen sich später nach der verlorenen Kindheit. Wenn sie jung sind, setzen sie ihre Gesundheit aufs Spiel, um viel Geld zu verdienen und später geben sie noch mehr Geld aus, um wieder gesund zu werden. Sie denken so sehr an die Zukunft, dass sie auf die Gegenwart vergessen und am Ende erleben sie weder das Eine noch das Andere bewusst. Sie leben so unbedacht als würden sie nie sterben und am Ende sterben sie, als hätten sie nie gelebt!"*

Das klingt sehr klar, Ida, aber auch sehr hart.

Schau dich doch mal um, lieber Gotthard. Was siehst du da?

Viele Menschen, die leider nicht im Augenblick leben.

Und dadurch ständig in diese Wenn-dann-Falle tappen und sich so selbst was vormachen. *„Wenn ich Urlaub habe, dann erhole ich mich; wenn ich in Pension bin, dann bereise ich die ganze Welt; wenn ich im Lotto gewinne, dann kann ich endlich glücklich sein"*, um nur einiges aufzuzählen. Ein großer Trugschluss. Denn, wenn es mir jetzt nicht gelingt, mich zu entspannen oder glücklich zu sein, mit dem, was ich habe, werde ich es nie (sein) können!

Das kommt mir auch sehr bekannt vor, Ida. Wenn du wüsstest, wie oft ich mich selbst denken höre: *„Wenn ich so richtig viel Kohle habe, dann gönne ich mir was; wenn ich zehn Kilo abgenommen habe, dann bin ich glücklich."*

Und was macht das mit dir?

Ja, ich versteh schon, worauf du hinaus willst. Es macht mich traurig und hilflos zugleich.

Weil es jetzt nicht so ist und ich mir dadurch selbst das eigene Glück, das jetzt schon möglich wäre, vorenthalte. Genau das ist Naivität, Gotthard. Es ist ein Ausblenden dessen, was ist und hält uns in unserer eigenen Illusion gefangen.

Du beschreibst ziemlich treffend mein Empfinden bei dieser Denkart, Ida. Glaubst du, dass ein Entkommen aus diesem Dilemma möglich ist, wenn wir uns erlauben, den Augenblick zu genießen und beginnen, ihn bewusst wahrzunehmen?

Ich bin sogar davon überzeugt, lieber Freund. Oder wie ein Zen-Meister zu sagen pflegt: *„Wenn ihr esst, dann esst und wenn ihr geht, dann geht! Das ist das Geheimnis der Zufriedenheit."*

Klingt gut! Ich weiß zwar nicht, ob ich das durchhalte, dennoch will ich es versuchen.

Keine Sorge, es reicht schon, wenn du für ein paar Momente deines Tages im Hier und Jetzt bist und ganz bewusst wahrnimmst, was dich in diesem Augenblick umgibt. Dann wird dich diese Zufriedenheit den ganzen Tag durchbegleiten. Die einfachste Art, das in die Praxis umzusetzen ist, deine Aufmerksamkeit auf deine Atmung zu richten; dein Ein- und Ausatmen zu beobachten und es einfach geschehen zu lassen - dich quasi atmen zu lassen. Später kannst du dich darin üben, nicht nur deine Atmung zu beobachten, sondern auch deine Gedanken.

Ich habe als Kind oft mit meiner Freundin das Wolkenratespiel gespielt. Wir lagen auf der Wiese und beobachteten Wolken. Die witzigsten und skurrilsten Figuren kamen uns dabei in den Sinn. Vielleicht kennst du das auch. So ähnlich kannst du es auch mit deinen Gedanken handhaben. Bleib einfach nur in dieser Beobachterrolle. Lass jeden Gedanken kommen und gehen. Wissend, wenn er wichtig ist, taucht er ohnedies wieder auf. Dadurch lernst du im Moment zu sein und schenkst deinem Körper sogar einen Mini-Urlaub.

Somit sind wir jetzt schon bei der dritten Grundursache für Probleme angelangt. Sie lautet: *„Die falschen Fragen!"*

Ich dachte, sich selbst zu reflektieren und Fragen zu stellen, kann nie falsch sein.

Na ja, mein Freund, sieh es mal so: Fragen sind Werkzeuge, ähnlich einem Küchenmesser. Du kannst damit einem lieben Menschen oder dir selbst etwas Köstliches zubereiten oder jemanden töten. Es ist und bleibt ein Werkzeug. Mit den Fragen bzw. Worten ist es ähnlich. Du kannst sie so verwenden, dass sie dich und andere Menschen noch mehr in das Problem hinein manövrieren oder aber dass sie dir wieder Zugang zur eigenen Kraft und somit zum Lösungsdenken verschaffen.

Gut, Ida, das leuchtet mir ein. Nun erklär mir aber genau, was du mit dieser dritten Grundursache meinst.

Das will ich gerne tun, allerdings möchte ich dir dazu die Geschichte von Viktor Frankl erzählen. Viktor Frankl war sogar mehrmals im KZ und konnte schließlich befreit werden. Konfrontiert mit der Tatsache, alle seine Lieben verloren zu haben, schrieb er dennoch ein sehr bewegendes Buch mit dem Titel: „JA zum Leben sagen". Viele Menschen waren fasziniert von diesem Mann, der weder im Schuldgeben war, noch verzweifelt schien. Auf die Frage, wie das gelingen kann, antwortete er, dass er gelernt habe, nicht nach dem Warum zu fragen, sondern eine andere Frage wählte. Hier wäre er mit dem Warum nicht weitergekommen.

Welche andere Frage könnte in so einem Fall hilfreich sein, Ida?

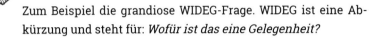

Zum Beispiel die grandiose WIDEG-Frage. WIDEG ist eine Abkürzung und steht für: *Wofür ist das eine Gelegenheit?*

Während die WARUM-Frage dazu dient, um die Ursache zu klären, bringt uns die WIDEG-Frage in die Gegenwart und somit in die Handlungsfähigkeit. Warum-Fragen sind gute und hilfreiche Fragen, wenn wir Dingen auf den Grund gehen können. Allerdings sind nicht alle Ereignisse begründbar. Vieles kommt als Schicksal in unser Leben. Davon haben wir schon gesprochen. Ein Schicksal hat keine Ursache in der Vergangenheit. Deshalb macht hier die Warum-Frage keinen Sinn. Sie bringt uns nur tiefer in die Opferhaltung hinein.

> Jetzt weiß ich genau, was du meinst, Ida. Das erklärt einiges. Du weißt gar nicht, wie oft ich mich frage: *„Warum gerade ich?".*

Sei ehrlich, Gotthard, hat dich diese Frage schon jemals weitergebracht?

> Nein, nur hab ich es bisher einfach nicht anders gewusst.

Das glaub ich dir. In unserer Kultur ist das auch nicht so weit verbreitet. Ich stelle immer wieder fest, wie schnell wir im Schuld zuweisen sind und in der Opferhaltung landen. Frankl war uns ein großes Vorbild im Hinschauen auf einen Ausweg in der Ausweglosigkeit, indem er sich selbst und anderen Menschen andere Fragen gestellt hat.

Das muss schon ein beeindruckender Mann gewesen sein, Ida?

Bestimmt. Was mich am meisten an ihm faszinierte, war seine Aussage über Eigenverantwortung. Obwohl sie ihm im KZ sein Leben hätte kosten können, stand er dazu. Frankl sagte: *„Es gibt etwas, das ihr mir niemals nehmen könnt: Meine Freiheit zu wählen, wie ich über das denke, was ihr mir antut!"*

Schau mal, Ida: Gänsehaut!

Mir geht es auch immer so, wenn ich dieses Zitat höre oder lese.

Dieses Bewusstmachen von Eigenverantwortung und der Einsatz der WIDEG-Frage klingen sehr alltagstauglich und hilfreich. Wenn ich mir vorstelle, wie viel Energie da frei wird, etwas anderes zu tun, weil ich nicht mehr ständig über dem Warum grüble?!

Eine französische Schriftstellerin, Francis Picabia, formulierte es so: *„Der Kopf ist rund, damit das Denken die Richtung wechseln kann."*

Sehr spannend...

Gut, dann will ich dir noch die vierte Grundursache sagen, denn auch sie scheint mir recht wichtig; gerade in der heutigen Zeit.

Meine Spannung steigt, lege los!

Okay, okay! Die vierte Ursache für unsere hausgemachten Probleme lautet: *„Perfektionismus".* Oder genauer gesagt, die übertriebene Position des Wertes: Etwas gut machen zu wollen! Perfektionismus erzeugt einen Anspruch an uns selbst, immer und in allem perfekt sein zu müssen und lässt uns in eine richtig belastende Falle stolpern.

> Hab ich dich jetzt wirklich richtig verstanden? Das ist doch eine DER Grundausrichtungen unserer heutigen Zeit!

Ja, Gotthard; in der Werbung propagiert und als Ideal hochgepriesen. Weißt du, mein Freund, ich kann mich noch sehr gut an eine Zeit erinnern, in der ich so sehr diesem Perfektionismus ausgeliefert war und mich täglich wieder damit fertig machte. Bis ich begriff, dass Perfektion ein vollkommen lebensfeindlicher Zustand ist! Perfektion kommt aus dem Lateinischen und bedeutet: Vollendung! Irgendwann sind wir alle perfekt: am Ende unseres Daseins in diesem Körper auf diesem Planeten. Bis dahin sind wir Menschen ein permanentes Wachsen, Werden und Entwickeln.

> Ganz ehrlich, Ida, das klingt für mich nach einem Freibrief, gar nichts mehr zu tun und mit einer Egalität unterwegs sein zu können.

Nein, eben nicht, Gotthard. Das wär das andere Ende vom Pol und um nichts besser, nur eben anders. Das Optimale liegt hier – wie so oft – in der Mitte. Zwischen *„alles egal"* und *„sei perfekt"*.

> Jetzt bin ich aber sehr gespannt, was du mir da anzubieten hast, Ida.

Um diese exzellente Mitte zu beschreiben, lass mich die Geschichte eines sehr berühmten Mannes erzählen, von der ich nicht einmal genau weiß, ob sie wahr ist. Auch, auf die Gefahr hin, dass sie nur so erzählt und weitergegeben wurde, macht sie genau diese Mitte sichtbar und dafür dürfen wir einfach dankbar sein. Sie handelt von einem sehr erfolgreichen Unternehmer. Als Unternehmer des Jahres wurde er in eine Talkshow eingeladen. Du weißt ja, Amerika, das Land der Talkshows.

    Der unnötigen Talkshows!

Ich kann dich gut verstehen, Gotthard, dennoch gibt es auch geniale Talkshows mit herausragenden Gästen.

    Gut, erzähl einfach weiter.

Also, dieser Mann wurde gefragt, wie es ihm gelänge, so erfolgreich unterwegs zu sein, obwohl doch die Produkte seines Unternehmens immer wieder Fehler aufwiesen und unperfekt seien.

    Jetzt bin ich aber wirklich gespannt, was er darauf geantwortet hat, Ida!

Seine Antwort lautete sinngemäß: *„Wissen Sie, ich hab niemals in meinem Leben den Anspruch an Perfektion gehabt. Ich gebe einfach täglich mein Bestes. Das, was ich heute, unter den momentanen Umständen, mit meinem Wissens- und Informationsstand geben kann. Dieses Beste lasse ich dann eine Basis für alles Weitere sein!"*

Merkst du den Unterschied, Gotthard? Ein Mensch, der ständig perfekt sein möchte, bekommt jeden Tag vom Leben die gleiche Botschaft: *„Du bist nicht genug! Was du da wieder für einen Schwachsinn von dir gegeben hast; wie du dich in dieser Situation verhalten hast; was du alles wieder nicht geschafft hast."* Ein Mensch, der in dieser gesunden Mitte ist, weiß auch, was alles nicht so toll gelaufen ist, dennoch hat er durch diese Mitte immer Achtung vor sich selbst und kann sich auch bewusst machen, was und wie er es gerne anders gehabt hätte. Dennoch kann er zu sich sagen: *„Unter diesen Umständen war es das Beste, was ich gemacht hab!"* Das gibt uns Menschen wieder die Würde zurück, findest du nicht auch, Gotthard?

Hm ...

Wenn ich mich zurückerinnere, dann bin ich jetzt so gut ausgesöhnt mit mir und meiner Unperfektheit. Ich kann es aushalten und zugleich weiterwachsen. In meinen Anfängen waren meine Gespräche immer sehr hochtrabend, weil ich eben perfekt sein wollte! Bis ich erkannte, worum es geht. Nämlich Mensch zu sein und zur dazugehörenden Unperfektheit, die ja nichts anderes als Entwicklung und Weiterwachsen aufzeigt, Ja zu sagen. Seitdem kommt mir der Satz so leicht über die Lippen: *„Ich gebe das Beste, was ich drauf habe und erlaube mir, unperfekt zu sein und Fehler zu machen."* Mit dem Resultat, dass mir die Dinge weit besser gelingen als zuvor. Außerdem ist diese exzellente Mitte der hervorragendste Fehlerprotektor. Dadurch, dass wir uns sicher fühlen, begehen wir weit weniger grobe und fahrlässige Fehler. Denn Unsicherheit ist leider der beste Nährboden für unnötige Fehlerhäufung. Noch dazu ermöglicht uns dieser eigene gesunde Umgang mit uns selbst, auch zu anderen Menschen und deren Unperfektheit Ja zu sagen. Ich denke mir,

dass es nichts gibt, was Menschen mehr brauchen, als andere Menschen, die zu sich und somit auch zu ihrer Umgebung Ja sagen können. Wir sind so herrlich perfekt in dieser Unperfektheit.

Du bist so still, Gotthard, alles ok?

> Ja, ja! Ich bin irgendwie ganz berührt und fasziniert zugleich, weil es so einfach scheint, wenn du das so sagst und trotzdem so schwer zugleich.

Sagen wir so, Gotthard, die alte Denkweise ist uns vertraut, deswegen scheint sie leichter zu sein.

Aber, mein Freund, jetzt lass ich dich in Ruhe. Außerdem wartet noch die Vorbereitungsarbeit für meinen neuen Vortrag auf mich.

> Und ich brauche ohnedies eine Auszeit. Obwohl in mir noch unzählige Fragen herumschwirren, die ich dir gerne stellen würde.

Keine Sorge, wenn du magst, treffen wir uns bald wieder. Bis dahin wünsch ich dir viel Spaß beim Entdecken deines Selbst und beim liebevollen Üben dieser neuen Denkhaltungen. Damit du´s auch in Zukunft nicht vergisst: „Perfektion bedeutet Vollendung und Vollendung ist der Tod. Punkt." Manchmal kann es wirklich erlösend sein, Gotthard, sich aus dieser Schwere und diesem Druck zu befreien und mit voller Erlaubnis und Würde unperfekt sein zu dürfen.

Bis hoffentlich bald, Ida. Und noch was: du tust mir gut, das spür ich jetzt schon!

Danke, Gotthard.

Eine Frage erlaube ich mir noch, liebe Ida. Was hast du denn alles in deiner großen Tasche? Entschuldige bitte, dass ich so frech bin, aber das sieht aus, als würde ein Kochlöffel herausblinzeln?

Ich finde das jetzt sehr amüsant, mein Lieber!

Natürlich darfst du mich das fragen. Ähnlich wie ein Regisseur beim Theater, habe auch ich einige Dinge mit, welche zu meiner Grundausstattung gehören, um den Menschen einen leichteren und anschaulicheren Zugang zu gewissen Themen aufzuzeigen.

Du machst mich neugierig, Ida...

Gut, gut, dann will ich dich nicht länger auf die Folter spannen. Also: das ist mein berühmter Kochlöffel. Mit dem kann ich gut experimentieren. Und dieses Holzsymbol ist das Yin-Yang-Zeichen, das du vielleicht kennst. Es stammt aus dem Taoismus. Damit mache ich die Menschen darauf aufmerksam, dass das Eine immer im Anderen enthalten ist; im Schwarzen zeigt sich das Weiß und im Weißen das Schwarz.

Danke, dass du meine Neugierde vorerst gestillt hast. Ich blicke unserem nächsten Treffen schon sehr gespannt entgegen.

Noch was, Gotthard: Dort beim Ausgang gibt es ein wunderbares Café, da könnten wir unsere zukünftigen Treffen machen, wenn du magst.

Klingt gut. Dann treffen wir uns dort.

Kapitel 2

„Was Hänschen nicht lernt, kann Hans noch lernen"
oder Die Macht der Glaubenssätze und der Einstellungen

„Das Glück deines Lebens hängt von
der Beschaffenheit deiner Gedanken ab."

MARCUS AURELIUS

Einen wunderschönen, guten Morgen! Ich bin schon ganz neugierig, was aus dem Negativdenker und Problemkreateur Gotthard geworden ist?

> Guten Morgen, auch dir, Ida. Schau mich an, dann weißt du, wie es mir geht, oder? Mein fröhliches Gemüt spricht doch für sich...
>
> Zu meiner Überraschung durfte ich feststellen, dass es auch weiterhin Probleme gibt, ich aber täglich besser lerne, damit umzugehen.

Ganz ehrlich, Gotthard, würdest du keine Probleme mehr haben, würde deine Entwicklung und dein Wachstum aufhören. Das wär nicht gut für uns Menschen. Ein sehr geschätzter Lehrer von mir, Prof. Matthias Varga von Kibed, hat einmal sinngemäß gemeint: „Entweder hat der Mensch Probleme und Herausforderungen, die es zu meistern gibt, oder er sucht sich etwas, um die Trägheit zu überwinden!"

> Wie bitte? Mit dieser Aussage bringst du mich schon wieder zum Nachdenken.

Erinnere dich, jede Veränderung fängt mit...

> ...ja, ich weiß, Ida, mit Bewusstsein an!

Gut gelernt, junger Mann. Tatsächlich wachsen und entwickeln wir uns mit jedem Problem mehr und mehr. Hättest du als Kind keine Herausforderungen gehabt, an denen du dich hättest beweisen und entwickeln können, wären viele Hürden jetzt nicht so leicht zu bewältigen.

Wie passt das jetzt mit den vier Grundursachen zusammen?

Ganz einfach, Gotthard, diese vier Grundursachen für Probleme helfen dir, anders damit umzugehen. Wir könnten der Einfachheit halber eine Unterscheidung zwischen Herausforderungen und Problemen treffen. Herausforderungen sind Fragen, die das Leben an uns stellt. Unsere Aufgabe ist es, darauf zu antworten und zwar in einer Weise, die für uns und unser Umfeld gut ist. Probleme sind meist die Dinge, die wir uns selber kreieren, quasi die Antworten auf die Herausforderungen oder auch „Fragen des Lebens". Unterschied klar?

Ich glaube, allmählich beginne ich zu verstehen.

Gut, dann erlaube ich mir gleich noch eines zum Thema: *„Gesunder Umgang mit Problemen"* draufzusetzen. *„Vorteilsberechnung"* heißt der Begriff für ein Hinschauen auf Probleme. Das klingt jetzt sehr verwirrend, ich weiß. Dahinter verbirgt sich etwas, was tatsächlich häufig erst auf den zweiten Blick erkennbar ist; nämlich das Gute am schlechten Zustand oder eben der Vorteil am Problem. Das bedeutet, wenn ich, zum Beispiel, häufig Migräne habe und ohnedies schon immer sehr viel arbeite, dann würde sich beim Verschwinden des Problems meine Arbeitswut vermutlich noch mehr ausdehnen. So gesehen hat dieses Problem tatsächlich auch sein Gutes, weil es mir hilft, auf mich zu achten bzw. achten zu müssen. Ein kluger Prozess der Problemlösung bezieht deshalb immer auch die Nachteile des Verschwindens eines Problems mit ein. Paul Watzlawick war uns Pionier auf dem Gebiet der paradoxen und manchmal auch sehr provokanten Problemlösung. Dem Menschen selbst immer äußerst liebevoll und wertschätzend zugewandt, aber den Beschreibungen seiner Probleme stand er sehr kritisch und provokant gegenüber. Allen voran war es sein Humor und sein Blick auf das Problem von *„hinten unten"*, wie er seine paradoxen Interventionen oft selbst ironischerweise beschrieb.

> Watzlawick gefällt mir, auch, wenn es mich auf den ersten Blick wirklich verwirrt. Wer möchte denn nicht sein Problem loswerden?

Nun, möglicherweise ist dein Problem von heute ja gar nichts anderes, als die Lösung eines gestrigen?! Oder anders gesagt: das, was du heute als Lösung deines aktuellen Problems ins Auge fasst, stellt möglicherweise morgen ein neuerliches für dich dar. Logischerweise anders, aber nicht unbedingt besser. Diesen Umstand sollte man einfach mitberücksichtigen, wenn wir uns an die Lösung machen. Mit der paradoxen Frage: *„Was ist das Gute am Problem und das Schlechte an der Lösung?"*, geben wir weit mehr Sichtweisen Raum und Gehör. Dadurch kann letztendlich eine wirklich gesunde Problemlösung gefunden werden, welche nicht in neuerliche Probleme mündet.

> Ich denke, ich werde einmal einen Blick in eines seiner Bücher werfen.

Tu das, mein Lieber. Vielleicht: *„Anleitung zum Unglücklichsein"*? Ein Standardwerk, und für jeden Menschen gut lesbar, wie ich meine.

> Wird gemacht, meine Liebe. Nachdem wir so gut in Fahrt sind, möchte ich gleich mein nächstes Anliegen einwerfen. Etwas, was mich leider trotzdem oft zurückhält, sind

meine – oftmals sehr einschränkenden - Annahmen über mich und manchmal auch über die Welt.

Was meinst du mit *einschränkenden* Annahmen?

Lass es mich so erklären: Ich habe in meiner Kindheit die Erfahrung gemacht, dass ich oft länger als meine Mitschüler brauchte, um einen Lernstoff zu verstehen. Deshalb glaube ich heute noch, dass ich weniger intelligent bin und mir dadurch selbst nicht viel zutrauen kann.

Ah, jetzt verstehe ich, was du meinst, Gotthard. Du sprichst von negativen Glaubenssätzen und Einstellungen.

Glaubenssätze?

Glaubenssätze haben nichts mit Religion zu tun. Es sind unsere Denkhaltungen, von denen wir zutiefst überzeugt sind. Das, was wir aus innigster Überzeugung glauben. Meist sehr fest in unserem Inneren verankert, wirken sie ohne Überprüfung auf unser gesamtes Leben ein. Oftmals sind uns diese Annahmen über uns und über die Welt gar nicht bewusst. Grob gesagt, gibt es zwei Arten von Glaubenssätzen: Die unterstützenden und die einschränkenden. Damit es doch noch ein wenig komplexer wird, gibt es beide jeweils in bewusster und unbewusster Ausführung. Kümmern wir uns vorerst um die zweite Kategorie, die einschränkenden Glaubenssätze.

Ja, das ist gut. Davon dürfte ich nämlich genug haben.

Glaubenssätze entstehen oft aus übernommenen Denkhaltungen unserer Eltern und Erzieher und später aus unseren eigenen negativen Erfahrungen.

> Sind das die Prägungen, von denen du bei unserem ersten Treffen gesprochen hast?

Genau. Jetzt weißt du, warum es so wichtig für uns ist, sich mit diesen Glaubenssätzen auseinanderzusetzen. Konstruieren wir einmal den Weg der Entstehung unserer inneren Annahmen: Wenn jetzt unsere Eltern des Öfteren gesagt haben: „Wenn du es im Leben zu etwas bringen willst, dann musst du hart und viel und schwer arbeiten!", dann nehmen wir das als Kind auf, meist vollkommen unbemerkt und unbewusst und just in der Situation, in der wir erfolgreich sein wollen, platzt diese Gedankenbombe und breitet sich ganz massiv in unserem Denken aus. Die Aussagen und Denkhaltungen unserer Erzieher haben ein besonderes Gewicht, weil sie einem Autoritätsverhältnis entstammen.

> Im Moment kann ich dir nicht ganz folgen.

Ok, Gotthard. Lass es mich so ausdrücken: Wenn uns jemand etwas sagt, auf den wir hinaufschauen, haben diese Worte ein anderes Gewicht und eine andere Wirkung. Im Gegensatz zu den Aussagen von Menschen, die keine Autorität für uns darstellen. Es macht einen Riesenunterschied, ob dir eine Autoritätsperson, wie ein Arzt, dem du Vertrauen entgegen bringst, sagt: „Stell sofort deine Ernährung und Lebensweise um, sonst läufst du Gefahr, einen Herzinfarkt zu erleiden!", oder ein Obdachloser an der nächsten Straßenecke.

> Jetzt hab ich dich wieder; das macht echt einen Unterschied...

Manchmal wissen wir gar nicht, woher dieses flaue Gefühl und diese negative Haltung kommen.

Es tut mir leid, dass ich dich schon wieder unterbrechen muss, Ida. Dennoch drängt sich eine Frage massiv in mir auf: Warum übernehmen wir überhaupt solche Denkhaltungen, obwohl sie gar nicht gut für uns sind?

Aus Loyalität unserer Herkunftssysteme gegenüber, Gotthard, und aus Abhängigkeit! Wenn wir Menschen auf die Welt kommen, haben wir zwei Ur-, oder wie es die Verhaltensforscher nennen, Primärbedürfnisse. Das Bedürfnis nach Wachstum/ Entwicklung und nach Verbundenheit. Im Mutterleib erleben wir beides. Wir können wachsen und uns gut entwickeln und sind trotzdem verbunden. Das lässt uns glauben, dass das immer so ist. Dann erblicken wir das Licht der Welt, werden größer und stellen, häufiger als uns lieb ist fest, dass beides oft nicht vereinbar scheint. Ein Dilemma entsteht und veranlasst uns manchmal zu sonderbaren Entscheidungen. Entweder bleibe ich mit den Menschen verbunden, die mir sehr wichtig sind - mit der Konsequenz, meine eigene Entwicklung zurückzuhalten und meinen Weg zu verlassen, oder ich entschließe mich, meiner Entwicklung Raum zu geben, mit dem Preis, dass die Verbindungen zu den uns wichtigen Menschen leiden oder oftmals sogar in die Brüche gehen.

Das hört sich nicht sehr aussichtsreich an, Ida.

Da hast du Recht. Dennoch gibt es einen Ausweg, nämlich die Liebe.

Liebe? Wie kann ich mir denn das vorstellen?

Schau her, Gotthard: Liebe, wirkliche Liebe - ich sage das jetzt ganz bewusst so, weil so viele Menschen Interdependenz, also Abhängigkeit, mit Liebe verwechseln – schenkt uns Halt und Sicherheit der Verbundenheit und gesteht uns zugleich zu, unserem Weg treu zu bleiben und zu unserer Entwicklung Ja zu sagen. Wieder auf unsere Glaubenssätze und deren Entstehung zurückkommend, übernehmen wir genau über diese Verbundenheit zu unserem Herkunftssystem, das durch unsere Eltern, Großeltern, Erzieher und Geschwister gebildet wird, leider auch viele einschränkende Denkhaltungen. Einige solcher unreflektierten Annahmen und Aussagen könnten zum Beispiel lauten: *„Ohne akademischen Titel bleibe ich immer in den unteren Reihen!"*, oder *„Wenn es lange gut geht, muss wieder etwas Schlimmes daherkommen, weil es immer so war!"*, oder noch viel besser ist die Annahme: *„Bei anderen Menschen geht das immer so leicht...!"* Unendlich viele Sätze aus dieser Kategorie könnte ich dir nun aufzählen. Sie lassen uns innerlich klein vorkommen und haben leider auch eine dementsprechende Wirkung. Stell es dir so vor, mein Lieber: Du denkst etwas Lebensfeindliches immer wieder, dann wirkt das wie ein Brennglas auf unserer Seele und es entwickelt sich ein dazugehöriges Gefühl daraus.

Ja, das hast du mir bei unserem letzten Treffen begonnen zu erklären.

Sehr gut gemerkt; und ich hab dir auch gesagt, dass wir darauf noch zurückkommen. Nun ist es so weit. Also, diese negativen Haltungen erzeugen ein negatives Gefühl und das führt dann zu dementsprechenden Handlungen. Das heißt, wir handeln so, wie wir uns fühlen. Unsere Handlungen sind dadurch nichts anderes als ein Resultat unserer Gefühle und unsere Gefühle wiederum das Ergebnis unseres (bewussten und unbewussten) Denkens. Auch, wenn wir das in unserer Welt nicht gerne hören, weil Gefühle meist keinen Platz haben, aber das ist eine andere Geschichte.

> Das bedeutet: Wenn es jetzt sehr negative Überzeugungen gibt, die unsere Gedanken beschäftigen und als Antwort darauf ein mieses und unsicheres Gefühl entsteht, dann handeln wir leider genauso negativ und unsicher?

Genau. Zusätzlich angetrieben von der inneren Haltung, dass es genau so und nicht anders kommt, wie wir uns das vorstellen. Das Fatale dabei ist, dass wir dadurch tatsächlich einen Kreislauf in Gang bringen, den wir Teufelskreis nennen könnten. Nachdem unser Gehirn das vorfindet, was wir vorausgesagt haben, belohnt es uns sogar noch dafür, indem es Dopamin ausschüttet. Dopamin ist eine Art Antriebs-, Belohnungs- und Vorschusshormon. Das heißt, es motiviert uns auch noch, wenn das Unliebsame eintritt. Dieses Dopamin lässt uns gut fühlen und spornt uns innerlich an, mehr von dem zu tun, was die Dopaminausschüttung hervorgerufen hat. Kannst du mir noch folgen, Gotthard?

> Ja, Ida, nur ehrlich gesagt, dafür, dass du dich auf mein Inserat wegen deiner Einfachheit gemeldet hast, hört sich das verdammt kompliziert an!

Deinen Einwand versteh ich sehr gut, Gotthard. Nur...

> ...ich weiß, ich weiß, um etwas verändern zu können, braucht es das Verstehen im Hintergrund.

Sehr gut. Dann weiter im Umgang mit unseren Einstellungen und Glaubenssätzen.

> Gleich, Ida, vorher muss ich dich noch unterbrechen, weil mir ein Satz nicht mehr aus meinem Kopf geht. Immer, wenn meine negative Vorstellung in der äußeren Welt sichtbar wird, taucht dieser furchtbare Satz auf, den ich manchmal sogar laut ausspreche: *„Ich hab´s doch gewusst, das geht schief!"*.

Genau das meine ich mit dem Teufelskreis. Denn durch diese Selbstbestätigung – übrigens nennen wir das auch so: Selbst-Erfüllende-Prophezeiung - halten wir nicht nur diese Dynamik aufrecht, wir verstärken sie sogar, indem wir verallgemeinern oder anders ausgedrückt *generalisieren*. Das heißt, wir fügen solche Worte wie *nie, keiner, nirgends, immer,* … hinzu und verankern diese Überzeugung noch tiefer im Gehirn. In der Praxis hört sich das dann so an: *„Wenn ich jemanden brauche, ist nie wer für mich da!"* Oder: *„Das wird sich nie ändern, ich werde immer die graue Maus sein, die vom Chef übergangen wird!"* Noch ein Beispiel gefällig? *„Wenn mich einer schief anschaut, werde ich immer unsicher!"* So entstehen aus unseren Vorstellungen - wir könnten sie auch Denkhaltungen nennen, die wir als Filter vor unser geistiges Auge stellen und damit auf die Welt blicken - unsere Einstellungen; zuerst vor uns und dann in uns wirksam.

> Wenn ich dir so zuhöre, Ida, könnte ich gleich eine Unmenge von Selbst-Erfüllenden-Prophezeiungen anhängen.

Vermutlich nicht nur du, Gotthard. Ich denke, dass jeder Mensch negative Überzeugungen in sich hat, mit denen er sich hin und wieder das Leben schwerer macht als es sein müsste.

> Hab ich da eben einen negativen Glaubenssatz mit einer noch massiveren Generalisierung gehört, meine Freundin?

Ertappt, Gotthard! Du lernst wirklich sehr schnell und machst gerade eine wichtige Erfahrung: dass es bei anderen Menschen weit leichter ist, negative Glaubenssätze zu erkennen als bei sich selbst. Vermutlich brauchen wir daher immer andere Menschen, um unsere eigenen, einschränkenden Denkhaltungen aufzudecken. Apropos aufdecken und verändern:…

> Was hast du denn dazu anzubieten, meine liebe Einfachheit, namens Ida? Ich bin wirklich sehr gespannt.

Am leichtesten knackst du solche negativen Einstellungen, indem du sie dir gestattest und dich fragst, wo sie ihren Ursprung haben. Dadurch gibst du dir und deinen Denkhaltungen Würdigung. Vermutlich hat es damals Sinn gemacht, so unterwegs zu sein. Allerdings heute, wo du dich verändert und entwickelt hast, schränken sie dich ein. Vergleichen wir das mit einem Kinderschuh: Damals hat dich der kleine Schuh gut durch die Welt getragen. In dieser Zeit war er wertvoll und hat gute Dienste geleistet. Als du dich entwickelt hast und gewachsen bist, begann dieser Schuh zu drücken und irgendwann gar nicht mehr zu passen. Niemand würde auf die Idee kommen, auf den Schuh hinzuschimpfen, nur weil er zu klein geworden ist.

So ungefähr wäre die angemessene Umgangsform mit deinen einschränkenden Glaubenssätzen. Sie stammen – wie gesagt

– meist aus einer Zeit, in der sie Sinn machten und dir gute Dienste erwiesen. Dadurch fällt auch das Aufgeben solcher Denkhaltungen leichter. Wenn du das getan hast, lass die Generalisierung weg. Das geht am einfachsten, indem du dich fragst: *„Stimmt das wirklich, dass es immer so ist?"* Dann entdeckst du vielleicht, dass es auch etliche Situationen gab, wo du ganz andere Erfahrungen gemacht hast, nur eben nicht so markant abgespeichert wie die negativen. Ist die Verallgemeinerung erstmal aufgebrochen, kannst du dich fragen, wie und was du besser über dich und die Welt denken könntest und was hilfreicher wäre als dieser Satz.

Puh, das hört sich nach vielen Stunden Eigenreflexion an.

Darf ich dich was fragen?

Natürlich, Ida.

Wenn du wüsstest, dass du damit eine ganz neue Sichtweise entdecken könntest, die dich weiterbringt, wär dir das den Aufwand wert?

Gut, gut, liebe Ida, ich hab verstanden...

Hör mal, ich will dir ein Beispiel von mir geben. Ich hatte lange den Glaubenssatz *„Wenn ich in meinem Beruf sehr erfolgreich sein möchte, muss ich hart und lange dafür arbeiten und mich zum Quadrat verausgaben!"*.

Wie hat sich dieser Glaubenssatz ausgewirkt?

Frag besser nicht. Es war einfach grauenhaft. Ich trieb Raubbau mit mir und meiner Gesundheit und nicht einmal das hielt mich davon ab, eine Pause zu machen. Als mich meine Freundinnen darauf ansprachen und mir leise flüsterten, dass man mir meine Verausgabung schon ansieht, zwang ich mich schließlich zu Pausen und Auszeiten. Nur hatten diese Regenerationszeiten keine Kraft, weil die Denkhaltung trotzdem unverändert blieb. Eher trat das Gegenteil ein, weil schlechtes Gewissen dazu kam, als ich mich mit einem Buch für ein paar Stunden ins Wohnzimmer zurückzog.

> Das hört sich schlimm an, Ida. Wie hast du´s dann trotzdem geschafft, es anders zu machen?

Meine Veränderung begann damit, dass ich einen Menschen kennenlernte, der mich sehr faszinierte und in meinen Augen höchst erfolgreich unterwegs war. Dennoch wirkte er innerlich leicht und war stets gut gelaunt. Fast mühelos gelang ihm ein Erfolg nach dem anderen, zumindest hatte es auf mich den Anschein. Ich bat ihn um ein Gespräch. *„Wie machen Sie das?",* wollte ich voller Ungeduld wissen. *„Nun",* antwortete er, *„indem ich darauf achte, dass ich in meiner Mitte bin!"* Jetzt tauchten noch mehr Fragen auf. *„Was heißt in der Mitte sein für Sie?",* stotterte ich leicht verzweifelt. Dann erzählte er mir, dass es für ihn nur drei Haltungen gibt, nach denen wir Menschen unterwegs sein können. *„Da gibt es die gesunde Mitte, welche ich als* **Sinn** *bezeichne. Diese Mitte ist immer dann erreicht, wenn wir gut für uns UND für unsere Umgebung sorgen. Oder noch deutlicher gesagt: Wenn wir so leben, dass es zu unserer Freude und in Achtung unserer Bedürfnisse UND im Rahmen unserer Möglichkeiten dazu beiträgt, was dem Wohle und/oder Nutzen anderer Menschen dient."* Da staunte ich nicht schlecht. Ich erkannte dann auch die Wichtigkeit dieser Reihenfolge: Zuerst achte ich auf mich, dann auf meine Umgebung. Was sich möglicherweise in unserer Kultur befremdend anhört, ist eine der wichtigsten Ordnungen in sozialen Systemen. Es hat auch nichts mit Narzissmus zu tun. Würde jeder Mensch zuerst gut auf sich achten, könnte er nicht nur sein Umfeld aus der verdrehten Verantwortung entlassen (die anderen müssten gut für ihn sorgen), sondern dadurch auch einen großen Beitrag für ein gut funktionierendes Sozialgefüge leisten, vom volkswirtschaftlichen Faktor einmal abgesehen. Denn durch diese Form der Selbstachtung ließen sich viele stressbedingte Krankheiten vorbeugen. Er erklärte mir weiter, dass er immer dann Sinn verspüre, wenn er am Abend auf den Tag zurückblickend etwas entdeckt, was er - aus reiner Freude am Sein - für sich getan und zum Wohle und Nutzen anderer geleistet hat. Mein Bekannter führte dann weiter aus, dass die zweite Haltung **Zweck** heißt. *„Im Zweck agieren wir immer dann"*, erklärte er mir, *„wenn wir alles aus einem defizitären Ansatz heraus machen. Nicht zu meiner Freude, sondern um zu entsprechen, um kein schlechtes Gewissen haben zu müssen, um dazuzugehören, um zu gefallen, um Meinungsverschiedenheiten zu vermeiden, und so weiter..."* Dieses *Um-zu-Denken* oder auch *Zweck*, wie mein Lehrer das nannte, macht uns innerlich leer, laugt uns aus und bewirkt, dass wir unsere Mitte immer mehr verlieren. Wenn wir lange in dieser Haltung unterwegs sind und unsere eigenen Bedürfnisse permanent negieren, meldet sich einer unserer stärksten Triebe.

Stopp, Ida, das weiß ich, das ist unser Überlebenstrieb.

Genau, Gotthard, vollkommen richtig. Nun, dann weißt du vielleicht auch um die Aufgabe dieses Teiles.

Er sorgt dafür, dass wir auf uns achten und gut aufpassen.

Korrekt! Wenn ich konstant auf mich vergesse, weil ich es möglicherweise verlernt habe, gut für mich zu sorgen oder meine Bedürfnisse immer hinter denen der anderen Menschen stelle, kann unser Überlebenstrieb gar nicht anders als uns zu Fall bringen.

> Meinst du mit Fallen etwa Krankheit, Ida?

Leider ja. Hinter einer Krankheit kann sich sehr häufig dieses Verhalten verbergen. Eine Krankheit hat in diesem Fall auch eine Aufgabe: Sie zwingt uns, die Aufmerksamkeit wieder auf uns selbst zu richten.

> Soll das etwa heißen, dass eine Krankheit gar nichts Böses ist und sie uns eigentlich dabei helfen kann, unsere Mitte wieder zu finden?

Das darf man jetzt auch wieder nicht verallgemeinern. Dennoch steckt hinter sehr vielen Krankheiten ein hervorragendes gesundheitserhaltendes System, Gotthard. Menschen können durch eine Krankheit oftmals eine gesunde Grenze entwickeln, lernen auch mal Nein zu sagen und wieder auf sich selber zu achten.

> Höchst interessant, Ida. Du erweckst große Neugierde auf die dritte Haltung.

Möglicherweise kommst du jetzt ganz alleine dahinter?

> Wenn du mich so fragst, wird es vermutlich das Gegenteil vom Zweck-Denken sein. Und, lieg ich richtig?

Voll ins Schwarze getroffen, Gotthard. Mein Bekannter nennt diese Haltung **Ego-Haltung**. In dieser Haltung wird das Du fast ausgeblendet oder nur mehr zum Objekt. Denn schließlich geht es in der Ego-Zentrierung um mich. Was mit den anderen Menschen ist, berührt mich in keinster Weise. Kannst du dir vorstellen, so unterwegs zu sein, Gotthard?

> Wenn du mich so fragst, sehe ich mich eher in der anderen Ecke. Dennoch kenne ich einen Menschen, der zeitlebens so unterwegs war! Auffallend war, dass dieser Menschen kaum krank war.

Das ist relativ gut erklärbar, Gotthard, denn auf sich selbst schaut er ja.

> Okay, und warum ist dieses Verhalten dann trotzdem nicht optimal?

Weil wir ohne das Du, also ohne die anderen Menschen, auf Dauer nicht auskommen. Die moderne Sterbeforschung zeigt uns auf, dass wir am Ende unseres Lebens mit zwei Fragen konfrontiert werden.

> Echt!?

Vermutlich haben diese beiden Fragen, welche am Ende unseres Lebens - scheinbar automatisiert – hochkommen, die Aufgabe zur Lebensreflxion. Die erste Frage lautet: *„Hast du gelebt?"* Mein Freund Florian bezeichnet genau das als das Jüngste Gericht, von dem in der christlichen Religion die Rede

1. Hast Du gelebt?
2. Hast Du Deinen Beitrag geleistet?

ist und drückt den Satz so aus: *„Am Ende unseres Lebens wirst du gefragt, ob dich das Leben gefreut hat, welches du geschenkt bekommen hast und ob du etwas Gutes daraus werden hast lassen."*

Das berührt mich jetzt sehr...

Das kann ich gut verstehen.

Die zweite Frage lautet: *„Hast du deinen Beitrag gegeben? Bei der Frage Hast du gelebt?"* schwingt unsere Eigenverantwortung sehr deutlich mit: Konnte ich sehen, was alles in meinem Leben gut funktioniert hat? Hab ich meine Aufgabe gefunden und erfüllt und aus den, mir anvertrauten, Talenten etwas gemacht? Durch die zweite Frage kommen wir dem Einsatz unserer Talente und Fähigkeiten zum Nutzen anderer auf die Spur. Das heißt: Habe ich meine Gaben und Fähigkeiten zum Wohle, zur Freude, oder wie Viktor Frankl sagen würde *„in den Dienst anderer"* gestellt und das Gesollte in die Welt gebracht – nicht nur das Gewollte?

Was meinst du mit dem Gesollten?

Mit dem Gesollten meinte Frankl, ob wir unsere Bestimmung wahrgenommen haben. Anders ausgedrückt meint es die Frage: Haben wir so gelebt, dass das, was für uns vorgesehen war – unsere Aufgabe – in die Welt kommen konnte?

Wenn du das so sagst, spür ich so etwas wie Demut in diesen Fragestellungen, Ida.

Möglicherweise. Demut führt uns zur daraus resultierenden Verantwortung. Behält die Sterbeforschung recht, werden wir alle irgendwann einmal - am Ende unseres Lebens – mit diesen beiden Fragen konfrontiert. Unsere LebensverANTWORTung besteht vermutlich aus dem BeANTWORTen dieser Fragen. Ich persönlich denke mir, dass es unser Schöpfer, Gott, das Leben, die Natur oder wie immer man dieses Lebensspendende bezeichnen mag, dennoch leicht macht, indem in unseren Talenten und Fähigkeiten zugleich unsere Aufgaben liegen. Ganz kurz gesagt: Unsere Gaben sind Vorboten unserer Aufgaben. Nimm das Wort selbst her, Gotthard: in den *AufGABEN* ist das Wort *GABEN* bereits enthalten. Niemand muss sich verbiegen, sondern lernen, sich selbst zu begegnen und aus diesen - ihm anvertrauten - Gaben etwas Sinnvolles machen. Zu unserer eigenen Freude und zum Nutzen für andere Menschen.

Das meinst du also mit sinnvollem Dasein, Ida?

Ja, mein Freund, das durfte ich von diesem großen Lehrer lernen. Wenn wir so leben, sind wir auch sehr erfüllt und aufrecht. Nicht nur innerlich.

Du schuldest mir noch deinen Ausweg aus deiner sehr einschränkenden Denkhaltung, Ida.

Keine Sorge, ich hab´s nicht vergessen! Mein Vorbild hat mir weiter verraten, dass er seine Einstellung auch nicht immer schon so hatte und sie dadurch änderte, indem er sich innerlich die Erlaubnis gab, gut für sich selbst und seine Umwelt zu sorgen. Mit dem Satzanfang: *Ich erlaube mir...* fing auch meine Umkehrung in ein neues Lebensgefühl an. Von diesem Moment an konnte ich endlich ohne schlechtes Gewissen meine kurzen

Pausen genießen. Dieses Gefühl, das diesem *Erlauber-Satz* folgte, ist noch immer fast unbeschreiblich. Natürlich hatte dieses Empfinden auch ein anderes Handeln zur Folge. Endlich hatten meine Mini-Auszeiten wirklichen Erholungscharakter. Allmählich lernte ich dann den ganzen Glaubenssatz so zu verändern, dass heute eine wunderbare Denkhaltung daraus geworden ist. Auch, wenn sie etwas kindlich klingen mag, mich trägt sie sehr.

Komm sag schon, das hört sich nachahmenswert an.

Mein neuer, unterstützender Glaubenssatz lautet: *Während ich mir selbst und anderen Menschen Gutes tu, fließt mir alles Gute in Strömen zu!*

Das hört sich doch gut an und vor allem sehr klar.

So fühlt es sich auch an. Wenn du wüsstest, was sich seitdem alles in meinem Leben zum Guten gewendet hat. Eines, was ich dir dazu noch unbedingt erzählen mag, ist die Kraft hinter unseren Einstellungen. Diese Energie darfst du nie unterschätzen. Unsere Einstellungen bilden die höchste Instanz unserer Möglichkeiten. Erinnere dich bitte an die Worte von Henry Ford: *„Ob du glaubst, du kannst etwas oder ob du glaubst, du kannst es nicht – du hast in jedem Fall Recht!"*

Ich sag dir ehrlich, liebe Ida, jetzt brauch ich wieder einmal eine Pause, um in aller Ruhe über unser Gespräch nachdenken zu können.

Das ist gut so, Gotthard, denn aus einer Raupe würde kein Schmetterling werden, hätte es die Natur nicht so exzellent eingerichtet, dass sie dazwischen Zeit zum Verpuppen hat!

Allerdings freu ich mich schon sehr auf unser nächstes Treffen, Ida.

Ich mich auch, mein Freund. Auf bald…wieder im Café.

Kapitel 3

„Meine Lebenslandschaft" oder Was man braucht,
um Täler zu durchschreiten und die Höhenluft aushalten zu können.

,,

„Glück gleicht durch Höhe aus,
was ihm an Länge fehlt."

ROBERT LEE FROST

Weißt du eigentlich, dass wir uns heute schon zum dritten Mal treffen, Ida? Wenn ich noch an unser erstes Date denke… Mit wie viel Angst ich dem Treffen mit dir entgegensah. Heute kommt mir dieses Gefühl sehr weit weg und fremd vor. Aus lauter Übermut und Freude über unser heutiges Date hab ich glatt mein Notizbuch zu Hause vergessen.

Ich glaub, es gibt Schlimmeres, Gotthard. Außerdem – a la WIDEG – du erinnerst dich: Wofür ist das eine Gelegenheit? Möglicherweise dafür, dass du dich ganz frei auf unser Gespräch einlassen kannst… Darf ich dich fragen, wie deine Reise bisher war, Gotthard?

Natürlich darfst du das! Sie war mühsam und zugleich leicht, lustig und zugleich traurig, befremdend und zugleich vertraut, ängstlich und zugleich vertrauensvoll. Mit einem Wort: Bunt! Ja, Ida, meine Reise zu mir und mit mir, war und ist einfach bunt!

Das hört sich sehr lebendig an, Gotthard. Sag mal, interessiert dich das Thema *Lebenslandschaft*?

Wenn du mir ein wenig mehr darüber erzählen würdest, könnte ich dir die Frage leichter beantworten.

Ja, du hast recht.

Weißt du was, Ida, leg einmal los und wenn ich so gar nichts damit anfangen kann, sag ich´s dir. Jetzt, da ich weiß, dass ich jederzeit in und aus meiner Eigenverantwortung heraus agieren kann, hab ich auch gelernt, nicht mehr alles nehmen zu müssen, was man mir anbietet. Heute betrachte ich das Leben eher als einen Supermarkt. Was ich kaufe oder auch nicht, entscheide ich. Wenn mir jemand etwas erzählt, was mir nicht gefällt, sage ich innerlich: *Nein, das kauf ich jetzt nicht!* Manchmal muss ich schmunzeln, denn auch, wenn ich selbst einen Gedanken denke, der mir nicht gefällt, sag ich innerlich diesen Satz zu mir.

Erlaube mir einen kurzen Moment der Stille. Ich bin einfach nur beeindruckt und baff zugleich. Woher hast du denn diesen tollen Zugang zur Eigenverantwortung?

Na, du bist mir vielleicht Eine?! Zuerst zeigst du mir so viele neue Wege auf und wenn ich einen davon gehe, hältst du´s kaum aus...

Hey..!

Schon gut, meine Freundin, das war ein Scherz!

Nein, ehrlich, ich gratuliere dir ganz herzlich zu dieser Erkenntnis und freu mich sehr für dich. Wenn ich dich heute so anschaue: Aufrecht, stabil und sehr klar.

Die Stabilität hab ich von deinem Kochlöffel-Experiment mitgenommen.

Von welchem Experiment?

Na, von deiner Kochlöffelvorführung bei unserem allerersten Treffen.

Das hast du dir gemerkt, Gotthard?

> Fast aufs Wort sogar. Du standst vor mir und jongliertest in deiner rechten Hand einen Kochlöffel, wo der Stiel nach unten und der Löffel nach oben zeigte. Dann erzähltest du mir, dass der Kochlöffel für die Emotionalität stehe und deine Hand für die geistigen, gedanklichen oder mentalen Fähigkeiten, wie du es nennst. Während deines Balanceaktes erklärtest du mir, dass sich die Stabilität des Kochlöffels proportional zur Flexibilität der Hand verhält oder in meinen einfachen Worten ausgedrückt: Umso mehr sich die Hand flexibel bewegen kann, umso stabiler steht der Kochlöffel. Umgelegt auf unser Denken bedeutet das: Je flexibler unsere Denkhaltungen und unser Geist sind, desto stabiler ist die Welt der Emotionen im Umgang mit den äußeren Einflüssen.

Du berührst mich mit jedem Mal mehr, lieber Gotthard. Noch dazu, weil ich diese Metapher so ganz nebenbei erwähnt hab.

> Dass ich sogar dich überraschen kann? Vielleicht kann ich eines Tages in ähnlicher Klarheit auf die Dinge hinschauen wie du es jetzt schon tust.

George Orwell hat einmal gesagt: *„Der ist der beste Lehrer, der sich nach und nach überflüssig macht."* So ähnlich empfinde ich es jetzt, lieber Gotthard. Ich freu mich von ganzem Herzen über deine großen Erkenntnisschritte!

> Im Moment brauche ich dich aber noch sehr, Ida!

Sehr gerne, vor allem, weil ich über das Aussprechen meiner Gedanken immer selbst weiterlerne und wachse.

Nun aber zurück zu unserer Lebenslandschaft. Wenn du alten Menschen zuhörst, wie sie ihr Leben beschreiben, dann könntest du dazu das Bild einer Landschaft zeichnen. Da gibt es Höhen und Tiefen, klare Wege und viele Verzweigungen, an denen das Leben Entscheidungen einforderte. Dennoch gehört alles zu einem erfüllten Leben dazu. Ich glaube nur, dass wir uns die Tiefen nicht noch unnötig tiefer graben und die Höhen so gestalten sollten, dass wir nicht gleich wieder vom Gipfel ins Tal fallen.

> Ja, Ida, das ist tatsächlich ein Thema für mich, denn ich hadere so oft mit meinen Tälern. Und statt meine Gipfel zu genießen, quäle ich mich mit ängstlichen Gedanken vor einem möglichen Fall. Damit triffst du bei mir mit diesem Thema wirklich ins Schwarze.

Gut, Gotthard, dann wollen wir uns einmal den Tälern bzw. dem Umgang mit sich selbst im Tal widmen. Der wichtigste Schritt hierbei ist, sich das Tal in der Vollversion bewusst zu machen. In manchen Kulturen nennt man diesen Gedankenvorgang *das Tor des Todes durchschreiten.*

> Hört sich ja furchtbar an, Ida.

Keine Sorge, furchtbar ist es überhaupt nicht, es ist in unserer westlichen Kultur einfach nicht etabliert. Wir kreieren uns lieber Schreckensszenarien. In der Regel haben sie mit dem Tal, das es jetzt zu durchschreiten gibt, überhaupt nichts zu tun. Statt uns dem zu widmen, was wirklich ansteht, malen wir uns fürchterlich angsteinflößende Bilder von Dingen aus, die in keinster Weise dazugehören.

Da bin ich jetzt wirklich beruhigt, wenn das damit nichts zu tun hat. Ich war nämlich für einen Moment lang sehr irritiert, weil ich unser erstes Treffen im Hinterkopf habe, wo du gesagt hast, wie wichtig es ist, bewusst zu denken und sich Bilder vorzustellen.

Sich dort hinzudenken, wo man hin möchte, ist noch immer richtig und wichtig und hat mit dem Tor des Todes nichts zu tun.

Schau her, Gotthard, wenn es nicht so läuft und du die ersten Auswüchse des Tales erahnst oder besser befürchtest, dann geh gedanklich ganz hinunter ins Tal und schau wie tief es werden kann.

Okay, meine weise Freundin, bevor du jetzt weitersprichst, bitte ich dich um eine – für mich verständliche -Praxisversion, ok?

Nun, nimm einmal eine praktische Situation her, damit wir das gleich ausprobieren können.

Mir fällt da ein möglicherweise bevorstehendes Tal ein, Ida, nur weiß ich nicht, ob das so passt.

Sag. Dann werden wir entscheiden, ob ich dir das mit deinem Beispiel gut erklären kann.

Alles klar, Ida. In unserer Firma geht es derzeit richtig arg zu. Seit der Wirtschaftskrise herrscht nach wie vor Unsicherheit. Und obwohl es in den letzten Monaten wieder anders geworden ist, ist diese Unruhe noch immer spürbar. Manchmal, speziell beim Einschlafen, liege ich im Bett und mach mir so meine Gedanken oder besser gesagt Sorgen, weil ich Angst hab, gekündigt zu werden.

Das heißt ein Tal oder ein Tief könnte drohen, Gotthard?

So ungefähr.

Gut, mit dem üben wir gleich. Der erste Schritt besteht darin, dir die Tiefen in allen Zügen bewusst zu machen. Du kennst diesen Vorgang vielleicht noch, im Arbeitsleben wird das meist als *Worst-case-Szenario* gehandhabt.

Ich weiß, was du meinst, Ida.

Das ist aber nur der erste Schritt, die anderen sind weit wichtiger. Dennoch, wie würdest du dazu das Tal beschreiben?

Ich würde sagen...ein wenig flau ist mir jetzt schon, wenn ich mir das so recht überlege...

Das verstehe ich gut, Gotthard. Trotzdem.

Okay, das Schlimmste, was mir passieren könnte, ist, dass man mir kündigt und ich ohne Job bin, zumindest eine Zeit lang.

Gut, und jetzt kommt der nächste Schritt: Wenn das eintreten würde - deine größte Befürchtung - was würdest du trotzdem SEIN können?

So gefragt würde ich trotzdem irgendwann wieder fröhlich sein können. Vielleicht sogar froh darüber, weil es mich an einen weit besseren Platz bringen könnte, an dem ich mich noch wohler fühle.

Und was würdest du trotzdem TUN können, selbst, wenn das Tief wirklich kommen würde?

Vermutlich trotzdem in meinem Leben weitergehen können und weiterhin Dinge tun, die mir Spaß machen. Außerdem könnte ich mich um eine neue Stelle umsehen.

Ok. Und was würdest du trotzdem HABEN können?

Irgendwann wieder Freude und Erfüllung. Auch, wenn es möglicherweise für einige Zeit anders ist. Außerdem gäbe es natürlich noch meine Freundschaften, die mir Halt geben.

Siehst du, mit den Fragen: *Was wirst du trotzdem, SEIN, TUN und HABEN können?*, setzt du der Talfahrt ein Ende. In anderen Worten ausgedrückt, strickst du dir jetzt schon ein Netz für den Fall des Falles – im wahrsten Sinne. Dieses Gedankennetz trägt und hält extrem gut, das darfst du mir glauben.

Das spür ich jetzt schon, Ida. Ich merke, wie meine Angst allmählich kleiner wird, weil ich mir denke: *Gut, selbst wenn das so kommt - ich bin gerüstet!* Und das nur durch diese kleine Übung. Diese Art des Hinschauens aufs Leben hat echt Wirkung, Ida. Außerdem bestärkt es mich sehr.

Danke, Gotthard.
Weißt du, selbst die größte Angst geht, wenn wir ihr einmal tief in die Augen blicken. Denn das, was uns am meisten ängstigt, ist häufig nur eine diffuse, nicht definierbare Angst. So eine Angst bekommt allerdings leicht kleine Kinder. Das heißt, eine diffuse, nicht benannte Angst erzeugt eine ganze Reihe neuer Ängste. Daraus wiederum nährt sich die Angst vor der Angst. Dieses Generationenspiel der Angst hört sofort auf, sobald wir ihr auf den Grund gehen.

>Das möchte ich mir gerne aufschreiben, Ida, damit ich es auch in prekären Situationen parat habe.

Nur zu, mein Freund. Ich borge dir inzwischen mein Notizheft.

>Eine Unklarheit existiert allerdings immer noch. Du hast vorhin erwähnt, dass die eigentlich schwierige Herausforderung darin besteht, die Höhen zu meistern. Und, dass wir mit Tälern weit besser zurechtkommen.

Stimmt, sehr gut aufgepasst, Gotthard.

>Nur versteh ich den Grund nicht, Ida?

Ging mir früher auch so. Ich konnte es kaum glauben, dass wir weit mehr Fehler oben machen und dadurch oft unnötig herunterfallen.

>Das musst du mir jetzt genauer erklären.

Wird gemacht! Packen wir dieses Thema einmal so an: Wozu glaubst du, Gotthard, brauchen wir diese *Lebensgipfel?*

Um uns zu stärken, denke ich. Aber vielleicht auch, um uns Erholungs- und Reflexionszeiten zu geben. Außerdem um nach vor und zurück schauen zu können. Und natürlich um zu genießen! Trifft es das, Ida?

Mehr als treffend beschrieben, Gotthard. Und nun schau einmal, was die meisten Menschen wirklich tun, wenn sie einen Gipfel erreicht haben?

Sie haben Angst vor dem Absturz.

Leider, ja!

Dieses Verhalten kenne ich selbst nur zu gut, Ida. Komm sag schon, wie kann ich in Zukunft vielleicht besser mit meinen Höhen umgehen?

Indem du dir auch wieder Fragen stellst, allerdings andere als in den Tiefen. Im ersten Schritt, lerne diese Zeit zu genießen. Nutz die Pause und gönne dir so richtig dieses gute Gefühl, das dabei aufkommt. Erlaub dir, das Hoch auszukosten und sei dankbar, oben am Gipfel zu stehen.

Mittlerweile bin ich ja schon recht fortgeschritten, mit meinen Erlauber-Sätzen, Ida. Vorige Woche – zum Beispiel – sagte ich mir mitten in meiner stressigsten Zeit: *Ich erlaube mir, dass ich mich jetzt fünf Minuten zurücklehnen darf und jeden Gedanken kommen und gehen lasse, ohne einen davon festzuhalten. Einfach ein paar Augenblicke lang, die Aufmerksamkeit auf meine Atmung zu lenken und es mir gut gehen zu lassen.* Und weißt du, was das Beste ist? Das waren die erholsamsten Minuten der letzten Jahre!

...und das vermutlich nur, weil du dir endlich innerlich die Erlaubnis gegeben hast, gut auf dich zu achten, Gotthard!

Gut, Ida, ich gebe mir also die innerliche Erlaubnis, all das gute Gefühl von Überblick und Selbststolz zu genießen und ...

... dann stellst du dir die drei Fragen. Erste Frage: Nachdem ich jetzt da auf meinem Gipfel bin und es so gut läuft wie es läuft, womit muss ich trotzdem WEITERMACHEN? Womit muss ich trotzdem AUFHÖREN und selbst jetzt, wo alles so exzellent ist, womit trotzdem ANFANGEN?

Dadurch weicht die Überheblichkeit, dass es immer so zu sein hat und zugleich geht die Angst vor dem Verlust. Diese Fragen - aufgespalten in drei Teilfragen - helfen uns, das Leben so zu nehmen wie es ist. Mit allem Drum und Dran. Zu dem JA zu sagen, was und wie es sich bietet, damit wir dadurch wieder in unsere Kraft kommen und die Dinge verändern und gestalten können, so dass es uns und den Menschen um uns herum gut geht.

Würdest du auch diese Fragen praktisch bei mir anwenden?

Natürlich, Gotthard. Beginnen wir damit, dass du dir ein Ereignis herholst, wo du so richtig glücklich warst und den Gipfel erreicht hast.

Dazu fällt mir eine Situation vor ein paar Monaten ein, wo ich unglaublich exzellentes Feedback aufgrund einer Präsentation, die ich vor meinen Chefs hielt, bekam.

Damit können wir gut üben, Gotthard. Hol dir dieses Ereignis so gut es geht nochmals ins Gedächtnis zurück. Mit all den Hoch- und Glücksgefühlen, die dazugehören. Wenn ich dich nun frage, womit du trotzdem weitermachen musst, obwohl es so gut gelaufen ist, was würdest du mir antworten?

> Ganz spontan kommt mir, dass ich mich auch auf künftige Präsentationen weiter so gut vorbereiten und auch weiterhin sehr achtsam mit meinen Zuhörern umgehen muss.

Okay, und womit musst du trotzdem aufhören, obwohl es so gut war?

> Deine Frage klingt komisch, trotzdem hab ich schon eine Antwort. Sehr eigenartig, Ida! Ich glaub, ich muss damit aufhören, mir selbst im Weg zu stehen, denn das beherrsche ich noch immer recht gut.

Deine Antwort klingt bereits ziemlich reflektiert, mein Freund. Nun die letzte Fragestellung dazu: Womit musst du trotzdem anfangen, obwohl es so gut war wie es war?

> Immer wieder neu auf Menschen hinzuschauen. In dem wunderbaren Gedicht *„Stufen"* von Hermann Hesse steht: *„Jedem Anfang wohnt ein Zauber inne"*. Wenn ich mir diese Anfänge immer wieder bewusst mache, darf ich diesen Zauber oft erleben... Ich spür jetzt eine ganz neue Kraft, Ida, und begreife endlich, was du damit meinst, dass wir in den Hochzeiten oftmals die gravierendsten Fehler machen. Ab jetzt will ich anders damit umgehen.

Ich bin echt beeindruckt, lieber Gotthard! Ja, bitte mach das, allerdings erinnere dich dabei an unsere menschliche Unperfektheit und betrachte jede Situation einfach als Übung. Wenn es gelingt, dann freu dich darüber. Wenn nicht, nimm dieses Feedback und versuch es beim nächsten Mal wieder, sonst überforderst du dich und dein neues Unterwegssein. Zumindest erlebte ich das so intensiv. Wie oft ich zweifelte und verzweifelte, nur weil etwas nicht gleich beim ersten Mal – gemäß meiner Vorstellung – funktionierte. Würde mich jemand auf meine größte und wichtigste Lernerfahrung der letzten zehn Jahre ansprechen, könnte ich es mit einem Satz ausdrücken: Dass ich einfach Mensch – und somit unperfekt - sein darf!

> Dir zuzuhören ist ein Geschenk, meine Freundin. Du hast schon einen unglaublich guten Weg an Persönlichkeitsentwicklung gemacht.

Und noch einen lehr- und lernreichen Weg vor mir, lieber Gotthard! Aber ich genieße diesen Weg sehr...

> Und ich hab noch einen viel längeren Weg vor mir, nur freu ich mich jetzt darauf! Das ist der Unterschied. Was mich ein wenig irritiert, war dein Blick vorhin, als du das Wort „Glück" in den Mund genommen hast.

Das ist mir gar nicht aufgefallen, Gotthard. Möglicherweise entsprang dieser Blick einem anderen Zugang zum Thema Glück. Wir Menschen machen es oft zu groß.

> Zu groß? Das bedarf einer Erklärung, Ida!

Frage sucht Zeichen!

Schau mal, Gotthard, vor lauter Anspruch an das Glück, sehen wir nicht mehr, was uns wirklich glücklich macht. Meiner Überzeugung nach hat Glück ohnedies nur mit zwei Faktoren etwas zu tun: mit wem ich mich vergleiche und ob ich das, was in meinem Leben gut funktioniert, überhaupt sehen kann. Wenn du dir die Menschen anschaust, denen es im Grunde gut gehen könnte, reduzieren und verhindern sie ihr eigenes Glück sehr oft, indem sie sich mit denen vergleichen, die noch mehr haben als sie selbst. Sie picken sich genau diejenigen heraus, welche in einer – für sie noch ansprechenderen - Umgebung leben; die eine noch höhere Position im Unternehmen haben; ein noch größeres Auto fahren als sie; noch schlanker oder schöner sind; usw. ... und wundern sich dann, wenn sie unglücklich werden! Dabei müssten sie dieses hausgemachte Unglück gar nicht erleben, würden sie einen kurzen Moment auf die vielen Menschen hinschauen, denen es nicht so gut geht.

Mit diesen Vergleichen erwischst du mich auch voll und ganz. Nur, wie ändere ich meine Sichtweise, Ida?

Indem du dir auch dazu einen Erlauber-Satz sagst...

Hab verstanden, Lady: Ich erlaube mir, so zu sein wie ich bin – einzigartig und unverwechselbar.

Dieser Satz ist Balsam auf meiner Seele, weil er mir so viel innerliche Zustimmung und Würde zurückgibt.

Dieses Vergleichen sollte uns nur dazu dienen, um festzustellen, wo andere Menschen stehen und hinkommen können. Dann bedarf es allerdings wieder der Blickrichtung zu uns selbst. Sonst sind wir Sklaven unseres eigenen Denkens und ewig unzufrieden.

Die zweite Zutat für Glück hat mit unserer Aufmerksamkeit zu tun; genauer gesagt, mit dem, worauf wir sie richten. Können wir sehen, was in unserem Leben gut funktioniert? Können wir erkennen, wie viel Gutes uns schon geschenkt wurde? Dazu möchte ich dir wieder eine Geschichte erzählen, Gotthard. Sie handelt von einem jungen Mann, der so ziemlich alles erreichte, was er anstrebte. Sowohl privat als auch beruflich lief es hervorragend und dennoch wurde er mit jedem Tag unglücklicher. Als ich einige Zeit mit ihm verbrachte, konnte ich eine Frage nicht mehr zurückhalten. Nämlich: *„Kannst du überhaupt noch sehen, was in deinem Leben gut läuft?"*

Nun sag schon, Ida, was hat er geantwortet?

„Dass ich gesund bin, ist doch selbstverständlich; dass ich jeden Monat mein Gehalt bekomme, auch und, dass ich Familie habe, erst recht!" Dann musste ich unterbrechen, weil ich es kaum mehr aushalten konnte. *„Das ist nicht selbstverständlich, das ist überheblich und anmaßend!"*, erlaubte ich mir zu sagen. Unser Gespräch lief daraufhin nicht mehr so gut, wie du dir vielleicht vorstellen kannst. Dennoch stehe ich dazu, weil es dadurch den zweiten Faktor für Glück sichtbar macht. Solange das Gute für uns selbstverständlich ist, können wir es gar nicht sehen. Erst durch die Bewusstwerdung, dass es auch anders sein könnte und es ein Riesengeschenk ist, wenn wir gesund sind und auf unseren eigenen Füßen durch´s Leben gehen können; wenn wir Arbeit haben, unsere Talente entfalten können und uns noch dazu unseren Lebensunterhalt finanzieren können; wenn es Menschen gibt, die ihr Leben mit uns teilen, obwohl wir nicht immer so einfach sind; wenn wir...

…in einem Land leben dürfen, in dem wir uns jederzeit frei bewegen können. Das wurde mir sehr intensiv bewusst, nachdem ich meinen Kollegen aus dem Kongo bei mir hatte.

Siehst du, Gotthard, genau darauf hinzuschauen, erfüllt uns mit Glück und in weiterer Folge mit großer Dankbarkeit. Der größte Feind der Dankbarkeit ist leider diese fürchterliche Falle der Selbstverständlichkeit. Wir könnten ihr aber leicht entkommen, würden wir unseren Blick auf das richten, was gut funktioniert. Dann braucht auch Glück nicht von Dauer zu sein. Wir dürfen es kommen und wieder gehen lassen, wissend: Dauerhaft gutes Gefühl und Glück könnten wir gar nicht ertragen!

Damit bringst du mich zum Schmunzeln, Ida. Wir könnten es gar nicht ertragen?

Nein, unser Gehirn wäre tatsächlich überfordert damit. Ein Beispiel. Was würde dich jetzt richtig glücklich machen, Gotthard?

Eine richtig gute Massage, wenn du so fragst.

Gut und nun stell dir vor, täglich 24 Stunden massiert zu werden. Glaubst du, dass du nach sieben Tagen noch immer darüber glücklich wärst? Mehr von dem, was unsere Glücksgefühle auslöst, macht nicht unbedingt glücklicher.

Hab verstanden, weise Glückszerstörerin.

Stell es dir so vor: Gute Gefühle und Glück sind wie eine Dusche. Weder könnten wir es ewig aushalten, noch hält es ewig. Aber wir wissen, wo wir hingehen können, wenn wir uns nicht mehr wohlfühlen.

Jetzt wird mir klar, was du mit dem Satz meintest: Wir sollen unsere Aufmerksamkeit auf das lenken, was gut in unserem Leben läuft.

Genau, Gotthard, dann können wir im Fluss unseres Lebens bleiben und dieses bedingungslose Ja zum Leben sagen. Mit den Worten von Wilhelm Busch möchte ich dieses Thema gerne beenden: *„Glück entsteht oft durch Aufmerksamkeit in kleinen Dingen. Unglück oft durch Vernachlässigung kleiner Dinge."*

Das möchte ich mir gerne aufschreiben.

Weil wir vorher bei der Symbolik einer Landschaft waren, fällt mir noch eine Landschaft ein. Unsere Beziehungslandschaft. Auch da gibt es Höhen und Tiefen. Abschnitte voller Freude und auch Verzweiflung.

Komm erzähl, Ida, du machst mich ganz neugierig...

Beziehungen erfahren natürlich auch Veränderungen, gleich unserer Lebenslandschaft. Wenn ich von Beziehungen spreche, meine ich generell jede Beziehung, also auch die zu unseren Vorgesetzten und Kollegen, zu unseren Freunden und Verwandten und natürlich unsere Liebesbeziehungen. Bevor wir auf die Entwicklung bzw. Veränderung von Beziehungen hinschauen, möchte ich mit dir auf die zwei Säulen einer Beziehung zu sprechen kommen.

Wie meinst du das, Ida?

Nun ja, jede Beziehung steht auf diesen zwei Säulen. Wenn diese beiden Säulen gut tragen, kann man darauf alles aufbauen, was eben in dieser speziellen Verbindung möglich ist. Mit manchen Menschen wird dann eine gute geschäftliche Ebene möglich, mit anderen Freundschaft und mit einem ganz bestimmten Menschen Liebe und Intimität.

Wenn ich jetzt raten dürfte, Ida, würde ich eine Säule vermutlich erahnen.

Mit wie viel Lebendigkeit du jetzt dabei bist, gefällt mir sehr gut. Sag, welche Säule meinst du?

Ich würde meinen, *Vertrauen* ist eine dieser beiden Säulen.

Vor einigen Jahren hätte ich das vermutlich ähnlich gesehen. Heute hab ich gelernt, dass es etwas Fundamentaleres als Vertrauen gibt. Vertrauen wird aus meiner Sicht erst möglich, wenn diese beiden Säulen gut tragen!

Beginn, bitte, endlich mit deinen Ausführungen, Ida, du spannst mich ja gewaltig auf die Folter.

Nun gut, Gotthard, für mich heißt die erste Säule Reziprozität.

Rezi, wie?

Reziprozität. Das heißt: Ausgleich zwischen Geben und Nehmen und Rechten und Pflichten.

Wie? Was? Das versteh ich jetzt nicht.

Ich würde es dir gerne erklären, wenn du mich nur ausreden ließest, mein Freund. Lass es mich so sagen: Alles beginnt bereits mit dem Tag unserer Geburt. Da bringen wir das Leben von anderen Menschen, zum Beispiel unserer Mutter, gehörig durcheinander. Durch unser Sein entsteht eine Schräglage zwischen Geben und Nehmen. Unsere Mutter gibt und wir haben als abhängiges Kind gar keine andere Möglichkeit als zu nehmen. Der Ausgleich erfolgt in den ersten Lebensjahren einfach dadurch, dass wir unseren Eltern eine Freude bereiten. Durch unser Lächeln, unsere Entwicklungsfortschritte und unser Sein erfreuen sie sich an uns. Das ist ein wunderbarer Ausgleich für ihr Geben. Später erfolgt dieser Ausgleich dadurch, dass wir das volle Leben nehmen und etwas daraus machen, wie ein großer Lehrer von mir sagen würde.

So hab ich das noch nie gesehen, Ida.

Das glaub ich dir sofort. Dieser Ausgleich bildet die Basis für all unsere Beziehungen. Durch unser Tun und manchmal auch durch unser Unterlassen machen wir uns manchmal an anderen Menschen schuldig. Dann meldet sich unser „Reziproziätsorgan".

Unser was?

Möglicherweise ist es leichter zu verstehen, wenn du das als Gewissen bezeichnest.

Ah, du meinst schlechtes Gewissen gegenüber einem anderen Menschen, weil man etwas getan hat, was nicht recht war.

Ja, genau das meine ich. Weißt du, solange wir leben, machen wir uns in irgendeiner Weise auch immer schuldig. Oder anders gesprochen; wir irritieren die Welt der anderen Menschen und bringen sie aus der Balance. Das ist auch völlig in Ordnung so. Ich bin so und so der festen Überzeugung, dass das gar nicht anders geht.

Das klingt ja furchtbar, Ida.

Ich würde es nicht als furchtbar betrachten. Möglicherweise kämen sonst gar keine guten Taten in die Welt. Eine Ausbildungsleiterin von mir, Elisabeth Ferrari, formulierte es einmal so: *„Die Engel, die nicht sündigen – wir würden sagen: keine Fehler machen - können auch nichts Gutes in die Welt bringen!"*

Jetzt bin ich echt total verwirrt...

Auch das kenn ich nur allzu gut von mir, lieber Gotthard. Verwirrung ist wunderbar. Denn ohne Verwirrung würde es kein Lernen geben. Verwirrung, Staunen, Irritationen sind der Beginn von wunderbaren Lernprozessen, weil wir nicht das gewohnte Muster abspulen.

Also: wir Menschen machen uns durch unser Tun und durch unser Unterlassen schuldig. Wir bringen etwas durcheinander.

Ja, das kann ich noch gut nachvollziehen.

Jetzt haben wir aber etwas Wunderbares in uns angelegt: Nämlich dieses Reziprozitätsprinzip. Das bedeutet, dass wir die Schuld wieder gutmachen und ausgleichen können. Diese Schuld meldet sich über unser Gewissen.

Ja, da kann ich dir noch gut folgen, Ida.

Wenn wir jetzt anerkennen, dass wir uns schuldig gemacht haben, haben wir den ersten großen Schritt in Richtung Wiedergutmachung bereits getan, Gotthard.

OK, da komm ich auch noch gut mit.

Gut. Jetzt kommt der zweite Teil des Ausgleichs: Wir überlegen uns, wie, d.h. auf welche Art und Weise, wir diese Schuld tilgen.

Es tut mir leid, dass ich dich unterbreche, aber schuldig sein fühlt sich furchtbar an und macht mich fast ohnmächtig.

Vielleicht geht es leichter, wenn du statt Schuld SCHULDEN sagst. Ich will dir das gerne mit einem Beispiel erklären, Gotthard. Nehmen wir an, du möchtest ein Haus bauen. Jetzt hast du nicht so viel Geld und leihst dir welches von der Bank. Das heißt, du nimmst einen Kredit.

Ja, versteh ich.

Gut. Würdest du sagen, dass du jetzt in der Schuld der Bank stehst?

Ja, aber ich zahle den Kredit doch zurück?!

Genau, lieber Gotthard. Das ist es! Du anerkennst deine Ausgleichsverpflichtung, indem du dich bereit erklärst, dich auf die Rückzahlung einzulassen und im zweiten Schritt deine Schulden Monat für Monat zurückzahlst.

Ah, jetzt versteh ich! Das Anerkennen ist Teil der Wiedergutmachung. Das tatsächliche Zurückzahlen ist der Ausgleich.

Genau, Gotthard. Für mich war es weit leichter zu verstehen, was damit gemeint ist, als Prof. Matthias Varga von Kibed, von dem ich dazu sehr viel lernen durfte, davon gesprochen hat, dass es generell sinnvoller wäre, nicht von Schuld sondern von Schulden zu sprechen.

Das kann ich gut nachvollziehen. Schulden zu haben, die ich tilgen kann, macht handlungsfähig. Sich schuldig zu fühlen, forciert eher die Hilflosigkeit.

Besser hätte ich es kaum ausdrücken können, lieber Gotthard. Sobald ich meine Schulden sehe und anerkenne, wo, wie und bei wem ich Schulden gemacht habe, geht es darum sie auszugleichen. Sonst gibt es einen Währungsverfall.

Ok, lass mich wieder gedanklich nachkommen, liebe Ida...

Sorry, ich kann so gut verstehen, wie es dir im Moment geht. Aber glaub mir, lieber Gotthard, wenn du dieses Prinzip gut verstanden hast, wird es dich dein Leben lang begleiten.

Also, wir waren beim Währungsverfall. Das bedeutet, wenn ich jemanden durch Handlungen verletze, braucht es unmittelbar nach meinem Erkennen eine Handlung als Wiedergutmachung. Machen wir das nicht, wird es schwer, diese Tat auszugleichen. Bringen wir das in ein Beispiel: Ich verletze einen Menschen - durch meine Unachtsamkeit - indem ich ihm sehr massiv auf die Füße trete.

    Das ist aber ein eigenartiges Beispiel.

Ja, möglicherweise. Dennoch wirst du gleich sehen, dass das Prinzip klar erkennbar ist.

    Ok, sprich weiter, Ida.

Gut. Nun hab ich jemandem wehgetan. Nehmen wir an, ich merke es, sag aber nichts. Drei Wochen später treffe ich diesen Menschen zufällig wieder und JETZT entschuldige ich mich dafür. Glaubst du, dass diese Entschuldigung noch gut ankommt, Gotthard?

    Ah, nun versteh ich, was du mit Währungsverfall meinst.

Das ist fein. Das Komplexe an der Sache ist, dass zwar die Währung verfällt, aber niemals die Tat selbst. Anders ausgedrückt: Eine unrechte Tat oder ein fehlender Ausgleich verfallen nicht und werden auch nicht von alleine gut, im Sinne von getilgt.

    Das ist jetzt echt spannend, Ida! Sind deswegen Menschen so furchtbar nachtragend?

Das kann gut sein, Gotthard. Wenn es nicht ausgeglichen wird, bleibt es offen und zwar immer.

Und was kann man tun, wenn sich wer an uns schuldig gemacht hat, Ida?

In so einem Fall kannst du den Ausgleich selbst herstellen, indem du dich fragst, was du dadurch gelernt und entwickelt hast. Wenn du nur einen Hauch von Sinn und Bedeutung erkennst, oder anders gesagt, etwas daraus lernen konntest, ist auch eine Form von Ausgleich passiert.

Wie ist das, wenn ich mit mir selbst etwas herumtrage, was mich quält?

Du meinst, wenn wir uns an einem anderen Menschen oder an der Welt da draußen schuldig gemacht haben und nichts mehr tun können, weil es nicht mehr möglich ist, diese Tat auszugleichen oder rückgängig zu machen?

Ja, genau, Ida, so etwas meine ich. Weißt du, ich habe in meinem Leben einmal einen echt, echt schweren Fehler gemacht. Der belastet mich immer noch sehr.

Auch das kann ich mehr als gut verstehen, lieber Gotthard. Ich weiß nicht, ob es einen Menschen gibt, der so etwas nicht kennt. Hier kannst du nur lernen, MIT diesem Fehler oder mit dieser Entscheidung zu leben und etwas Gutes daraus zu machen. Erinnere dich: Nur, weil wir sündigen, können wir etwas Gutes in die Welt bringen.

Hast du auch da ein Beispiel für mich, Ida?

Gerne. Ich durfte einmal einen Mann ein Stück begleiten, der ein dreijähriges Kind mit dem Auto angefahren hat. Das Kind hatte so schwere Kopfverletzungen davon getragen, dass es zwei Tage nach dem tragischen Unfall verstarb. Obwohl er sogar vor Gericht freigesprochen wurde, weil dieses Kind plötzlich über eine Straße lief und ihn definitiv keine Schuld traf, quälten ihn Tag für Tag oder besser Nacht für Nacht seine eigenen Vorwürfe: *„Hätte ich das nicht eher erkennen können? Wieso fuhr ich gerade dort?" Und so weiter...!*

Jetzt weiß ich, was du mit Unausgleichbarkeit meintest, Ida. Ist es ihm gelungen, damit zu leben bzw. wie ist es ihm gelungen?

Die Lösung – im wahrsten Sinne des Wortes: Loslösung von dieser massiven Schuld – lag darin, dass er den Schmerz und die Ohnmacht nicht mehr wegmachen wollte, sondern integrierte und ihn als Antrieb für das Gute nutzte. Diese Asymmetrie bleibt immer bestehen, aber sie wird immer geringer, je mehr Gutes er in die Welt bringt.

Was war das in seinem Fall, Ida?

Er gründete einen Verein zur Verkehrssicherheit für Kinder im Straßenverkehr. Inzwischen haben sich viele Menschen seiner Idee angeschlossen und machen gemeinsam die Straßen in diesem Bezirk sicherer.

Das finde ich echt großartig.

Ja, ist es auch, Gotthard. Natürlich wird all das das Leben des kleinen Jungen nicht wieder herstellen können, aber vielleicht können viele andere Leben geschützt werden.

Ich glaub, du hast mir grad viel zum Denken mitgegeben, Ida...

Dann werfen wir noch einen kurzen Blick auf die praktische Anwendung im Berufsalltag und im täglichen Leben, Gotthard.

Gut, das machen wir. Allerdings spür ich, dass ich dann echt eine Pause brauche, um all das zu verdauen und für mich durchzudenken. Aber ich weiß jetzt schon, worauf ich in nächster Zeit achten werde: Auf den Ausgleich zwischen Geben und Nehmen. Das scheint tatsächlich sehr wichtig zu sein.

Stimmt, Gotthard. Und manchmal bedarf es auch Geduld unsererseits, um unser Gegenüber, zum Beispiel unseren Partner, ausgleichen zu lassen. Sehr häufig meinen wir, uns aufopfern zu müssen und geben und geben und merken gar nicht, dass das für unsere Mitmenschen ziemlich belastend sein kann. Wenden wir das Reziprozitätsprinzip allerdings wohlwollend für alle Beteiligten an, kann es uns im Arbeitsalltag sehr gute Dienste leisten.

Wie das?

Nimm Mundpropaganda her. Das ist nichts anderes als gelebte Reziprozität.

Das versteh ich jetzt aber wirklich nicht!

Keine Sorge, ich bin schon beim Ausführen... Stell dir vor, du hast einen Kunden.

Das geht noch leicht, Ida.

Gut. Jedenfalls stellt dieser Kunde bewusste und unbewusste Erwartungen an dich.

Das kann ich auch noch nachvollziehen.

Bist du geschickt und holst seine Erwartungen im Gespräch gut ab, zumindest die bewussten, schaffst du eine Grundlage für Basiszufriedenheit. Gibst du ihm ein wenig mehr – die Betonung liegt auf *ein wenig* - als er sich erwartet, weil du zum Beispiel eine kleine Nettigkeit dazu gibst, oder etwas früher lieferst, als erwartet oder freundlicher und zuvorkommender bist, als es für eine Businessbeziehung üblich ist, dann entsteht beim Kunden eine Minischuld. Eine leichte Asymmetrie. Diese möchte er ausgleichen, gesteuert durch dieses Reziprozitätsprinzip, indem er über dich Gutes erzählt. Diesen Vorgang nennt man umgangssprachlich Mundpropaganda.

Hey, Ida, du entpuppst dich ja als wahres Marketinggenie!

Vom Marketinggenie bin ich noch weit entfernt, trotzdem danke für dein Kompliment. Bevor die Euphorie mit uns durchgeht, möchte ich dich noch auf das Gegenteil hinweisen. Werden die Kundenerwartungen weder gut abgeholt, noch erfüllt, entsteht auch eine Asymmetrie, allerdings auf der anderen Seite. Diese gleicht der Kunde üblicherweise mit dem gleichen Verhalten aus, indem er schlecht über den anderen Menschen spricht. Exakt das gleiche Prinzip mit einer vollkommen anderen Wirkung. Deshalb ist es so wichtig, Menschen gut zuzuhören oder wie es ein lieber Freund von mir noch deutlicher ausdrückt: *„Es geht nicht ums Zuhören (im Sinne von „zumachen=schließen"), sondern ums Hinhören!"*

Dieses Wissen bereichert mich tatsächlich sehr, Ida, das spür ich jetzt schon.

Im Grunde müssten wir nur auf unsere innere Eingebung und Impulse hören, dann würden wir intuitiv spüren, was dran ist.

Puh, das ist echt ganz schön heftig. Ich merke, wie sehr es in meinem Kopf rattert.

Dann wenden wir das gleich praktisch an, wenn du Lust hast, Gotthard?

Sehr gern.

Ok: Wir nehmen an, du gehst zum Frisör.

Das geht leicht.

Wie würdest du deine Grunderwartung an deine Frisörin beschreiben?

Dass sie freundlich ist und ihr Handwerk versteht.

Gut. Und jetzt wirst du überrascht. Deine Frisörin ist nicht nur nett, sie ist super nett. Du kommst zum vereinbarten Zeitpunkt sofort dran. Dir wird ein Glas Wasser oder Kaffee serviert und der Haarschnitt ist ein Traum. Du fühlst dich kompetent beraten, gut betreut und als Kunde wohl umsorgt.

Jetzt entsteht eine Asymmetrie. Weil sie mehr gegeben hat, als du erwartet hast. Wie gleichst du aus, Gotthard?

Gute Frage. Ich würde ihr mehr Trinkgeld geben.

Ok. Trotzdem merkst du aber, dass damit der emotionale Ausgleich nicht hergestellt wurde. Was machst du daher noch?

Jetzt versteh ich! Ich gleiche aus, indem ich im Kollegen- und Bekanntenkreis gut über sie spreche und sie weiterempfehle.

Yes, lieber Gotthard. Und damit ist die Schieflage wieder ausgeglichen.

So, was machst du im umgekehrten Fall?

Du meinst, wenn ich weniger bekomme, als erwartet?

Ja, genau.

Dann würde ich erstens kein Trinkgeld geben und...

...und?

Nun ist mir alles klar, Ida. Ich rede im Freundeskreis schlecht von ihr. Im Sinne einer Warnung: Bitte geht nie dorthin!

Das war die Praxisanwendung, Gotthard.

Sehr genial!

DANKE!

Aber du hast doch von zwei Säulen gesprochen, Ida? Wie heißt die zweite Säule von Beziehungen? Kannst du mir das in aller Kürze erklären?

Das mach ich liebend gern, Gotthard, vor allem, weil ich mit jedem Treffen mehr Begeisterung bei dir spüre.

Begeisterung: Ja. Aber manchmal auch blanke Überforderung.

Sokrates hat uns einen Satz hinterlassen, der in aller Deutlichkeit das ausdrückt, was in mir sehr stark spürbar und in dir immer sichtbarer wird. Sinngemäß heißt der Satz: *Je mehr ich weiß, desto mehr erkenne ich, dass ich nicht weiß bzw. nicht wissen kann!* Je mehr ich über das große Wunder Mensch entdecken, erkennen und lernen darf, desto mehr komme ich ins Staunen und Bewundern, wie und vor allem, dass alles so unglaublich exzellent funktioniert.

Aber wieder zurückkommend auf die zweite Säule der Beziehungen. Das ist die Wertschätzung.

Was meinst du denn mit Wertschätzung genau, Ida?

Es gibt zwei Arten von Wertschätzung, Gotthard. Zum einen so etwas wie eine grundlegende Wertschätzung. Das ist die Achtung, die wir vor jedem Lebewesen haben sollten. Ich beziehe das in unserem Fall nur auf den Menschen, obwohl es natürlich auch einen wertschätzenden Umgang mit der Natur, den Tieren, etc. bedarf. Fehlt diese fundamentale Wertschätzung, sehen und spüren wir leider mehr als deutlich die Auswirkungen dieses rücksichtslosen Verhaltens. Aber das würde jetzt zu weit führen.

Ja, Ida, diese Art der Wertschätzung verstehe ich gut, zumal ich den Begriff so ähnlich definiert hätte.

Gut, dann gleich zur zweiten Form der Wertschätzung. Diese drückt sich automatisch aus, wenn wir das Wort ganz bewusst sagen oder lesen. WERTschätzung bedeutet: Ich schätze deine Werte.

Damit es leichter verständlich wird, worüber wir uns unterhalten, möchte ich gerne einmal den Begriff Werte definieren, so wie ich ihn verstehe. Ohne Anspruch auf absolute Wahrheit. Also: Wertvorstellungen oder kurz Werte sind Vorstellungen über Eigenschaften (Qualitäten), die Dingen, Ideen, Beziehungen, etc. von Einzelnen, also sozialen Akteuren, oder von Menschengruppen oder einer Gesellschaft beigelegt werden und den Wertenden wichtig sind. Um diese Begriffserklärung wieder verständlich zu machen – du weißt, ich bin nicht nur die Einfachheit, ich fühle mich ihr gegenüber auch sehr verpflichtet...

...und damit es wieder einfach werden kann, muss zuerst die Komplexität dahinter verstanden werden, ich kenne dich und deinen Zugang mittlerweile recht gut, meine Freundin. Übrigens: Ich schätze diese Form des Lehrens auch sehr.

Du schaffst es immer mehr, mich mit deinen Komplimenten zu verwirren, Gotthard. Deshalb gleich weiter mit unserer Vereinfachung der Wertedefinition. Mit einer Frage kommen wir relativ leicht zu unseren Werten. Sie lautet: *„Was ist dir (in Bezug auf xy) wichtig?"* Die Antwort darauf bringt nicht nur unsere Werte, also unsere Vorstellungen über die Dinge, Menschen und ihre Handlungsweisen, usw. an die Oberfläche, sondern auch die dazugehörende Reihenfolge. Werte sind nämlich niemals nur linear angeordnet, sondern hierarchisch. Einfach ausgedrückt bedeutet das, dass es Dinge und Haltungen gibt, die uns ganz wichtig sind, dann darunterliegend all jene, welche uns etwas weniger wichtig sind, usw. bis wir noch Begrifflichkeiten aufzählen, die uns zwar ein Anliegen, aber nicht mehr ganz so wichtig sind.

> Und diese Werte sind überall gleich, Ida? Ich meine: Haben wir die gleichen Werte im Beruf und in Beziehungen?

Das ist sehr spannend, was du da fragst, Gotthard. Wir Menschen sind so komplexe Wesen, dass wir je nach Kontext komplett unterschiedliche Wertehierarchien haben können. So eine Wertehierarchie kann sehr viel Aufschluss über unser Verhalten geben, denn unsere Werte steuern zugleich unsere Motivation. Über die Werte werden die Handlungen deutlich sichtbar. Auch, wenn die Werte selbst ausgeblendet bleiben.

> Meine liebe Ida: Die Reise mit dir durch das Menschsein wird immer aufregender. Weißt du, wie ich mich gerade fühle?

Sag, mein Freund...

> Wie ein kleines Kind, das mit der vollkommen neuen Fähigkeit des aufrechten Ganges, dabei ist, die Welt zu entdecken und alles aus einer ganz anderen Perspektive wahrzunehmen.

Vielleicht verstehst du jetzt, warum mich das Wunder *Mensch* so sehr fasziniert, Gotthard. Trotzdem wieder zurück zu unseren Werten. Also: Wenn ich dir jetzt diese vorhin genannte Frage stellen würde, wie wäre deine Antwort?

Meinst du jetzt, in Bezug auf unsere Freundschaft?

Ja, angenommen, ich würde dich fragen: *„Was ist dir in unserer Beziehung wichtig?"*

Dann würde ich antworten: *„Pünktlichkeit und Verlässlichkeit!"* Denn nur so kann ich allmählich immer mehr ein Gefühl von Vertrauen aufbauen.

Gut, damit belichten wir gleich diese zweite Form der Wertschätzung, die ich vorhin meinte. Du sagst: Pünktlichkeit ist dir ein wichtiger Wert in unserer Freundschaft. Gelebte Wertschätzung meinerseits würde jetzt bedeuten, dass ich – wenn ich mich mit dir treffe – darauf achte, pünktlich zu sein, auch, wenn es mir vielleicht gar nicht so wichtig ist.

Genau, denn durch dieses Verhalten könnte ich erkennen, dass ich dir wichtig bin und das wiederum erzeugt ein wohliges Gefühl in mir.

Siehst du, Gotthard, genau so ergeht es auch allen anderen Menschen! Du kennst doch sicherlich die sogenannte *„Goldene Regel"*, oder?

Meinst du: Behandle andere Menschen, wie du selbst gerne behandelt werden möchtest.?

Ja, genau die meine ich, Gotthard. Und jetzt die Entzauberung. Für mich ist das nicht die gelebte Wertschätzung! Wirklich wertschätzend wäre es, wenn wir sagen würden: *„Behandle andere Menschen so, wie SIE SELBST gerne behandelt werden möchten!"*

Das klingt echt aufregend.

Wenn ich jetzt deine Antwort nochmals hernehme und sage: Gut, mir selbst ist Pünktlichkeit überhaupt nicht wichtig und nach dem Prinzip der Goldenen Regel behandle ich dich auch so…, dann spürst du, wie notwendig es ist, diese Goldene Regel zu adaptieren, damit wirklich gelebte Wertschätzung daraus entstehen kann. Wobei ich gleich festhalten möchte, dass diese zweite Säule nichts mit Verbiegen zu tun hat. Denn natürlich haben wir nicht nur das Recht auf wertschätzenden Umgang mit uns selbst, sondern auch die Pflicht; einer gesunden Ich-Beziehung entwächst die Eigenverantwortung, gut für sich zu sorgen. Darüber haben wir schon beim letzten Treffen geplaudert, Gotthard. Diese beiden Säulen der zwischenmenschlichen Beziehungen gelten selbstverständlich auch für uns. Auch da bedarf es eines gesunden Ausgleichs zwischen Geben und Nehmen, um nicht auszubrennen. Burn-out oder Ausgebranntsein setzt immer dieses Brennen für etwas voraus. Stimmt dieser Ausgleich zwischen dem, was ich mir abverlange (Nehmen) und dem, was ich mir Gutes angedeihen lasse (Geben) nicht mehr zusammen, können wir noch so begeistert von einer Sache sein: Wir können die massive Folge kaum mehr abwenden. Das Gleiche gilt für den wertschätzenden Umgang mit mir selbst. Achte ich mich und das, was mir wichtig ist nicht (mehr), entwickelt sich ein Defizit. Dieses wiederum delegieren wir dann nur allzu gerne an unser Umfeld. Kommt aus diesen

Reihen keine Wertschätzung, fühlen wir uns noch mehr zurückgesetzt. Häufig führt diese Dynamik in eine Opferhaltung. Je defizitärer unser eigener Umgang mit uns, desto größer die Erwartungshaltung an unser Umfeld. Irgendwann müsste dann richtigerweise bei der Berufsbezeichnung angegeben werden - Beruf: *Opfer!*

> Ein wenig Sarkasmus schwingt da jetzt schon mit.

Vermutlich hast du recht, Gotthard. Vor allem, weil ich selbst so lange in diesem Defizitkreislauf war! Vielleicht brauch ich deshalb eine Brise dieses schwarzen Humors. Wenn ich mich da noch zurückerinnere... Ich selbst schaffte es nicht, mich wertschätzend zu behandeln, bestand allerdings täglich darauf, dass es andere (für mich) tun. Dabei agieren andere Menschen oft nur als Spiegel für uns. Werde ich *schlecht*, im Sinne von *mangelnd wertgeschätzt*, behandelt, gilt es immer auch auf meine eigene Wertschätzung hinzuschauen!

> Auch damit triffst du mich an einer wunden Stelle, Ida. Am liebsten würde ich jetzt mit mir alleine sein, um über deine Worte nachdenken zu können. Ich weiß, du hattest noch vor, mir die Beziehungslandschaft zu erzählen...

...das können wir aber sehr gerne bei unserem nächsten Treffen machen, Gotthard. Außerdem finde ich es herausragend, dass du endlich deine Bedürfnisse offen aussprichst. Nimm dir Zeit, solange du brauchst, um das - für dich Wichtige – in dein Leben zu integrieren und melde dich einfach, wenn du weiterreden möchtest.

> Deine Art und Weise, damit umzugehen, tut mir echt gut. Danke dafür.

Kapitel 4

„Hilfe – das Leben meint MICH!"
oder Wenn aus Gedanken Worte und aus Worten Taten werden...

„
„Der Preis der Größe heißt
Verantwortung."

WINSTON SPENCER CHURCHILL

Unser letztes Treffen hat noch lange nachgewirkt, meine liebe Ida, und viele Fragen aufgeworfen. Deshalb konnte ich es kaum erwarten, dich endlich wiederzusehen und all meine offenen Themen mit dir zu besprechen.

Ja hallo! Du sprudelst ja förmlich über, vor lauter Verstehen-, Begreifen- und Lernen-Wollen.

Ich empfinde es auch so. Je mehr ich zu verstehen beginne, desto mehr möchte ich über die Zusammenhänge dahinter und natürlich die praktische Umsetzung im Alltag erfahren.

Dann erlaube ich mir, dich an dieser Stelle zu unterbrechen, da bei unserem letzten Gespräch ein Thema offen blieb. Möchtest du damit beginnen oder lieber zuerst deine Fragen stellen?

Zu meiner Schande muss ich gestehen, dass ich es nicht mehr weiß…

No problem, Sir!

Gib mir nur ein Stichwort, dann fällt es mir sicher wieder ein.

Beziehungslandschaft.

Ah, ja! Bitte weitermachen.

Wenn unsere heutige Unterredung so weitergeht, werden wir noch zu Wortsparmeistern.

> Klingt komisch, wenn du das so sagst, wobei manchen Menschen eine Wortdiät tatsächlich recht gut tun würde. Mir ist nämlich aufgefallen, dass die gefährlichsten Diebe diejenigen sind, welche uns unser kostbarstes Geschenk wegnehmen: Unsere Zeit. Unsere Lebenszeit, besser gesagt. Sie stehlen sie nicht nur, sondern füllen sie mit – langen, nichtssagenden – Worthülsen aus.

Dazu würde mir auch gleich sehr viel einfallen, Gotthard. Trotzdem nur ein Satz, damit wir uns ausreichend unserem verschobenen Thema und deinen Fragen widmen können. Manchmal ist es auch so, dass Menschen viele Worte verwenden, um das Eigentliche verschweigen zu können. In einem Satz ausgedrückt: Viele Worte verbergen.

> Du sprichst immer dermaßen fesselnd, Ida, dass ich jetzt gar nicht mehr weiß, wo wir stehengeblieben sind.

Genau genommen haben wir noch gar nicht richtig begonnen. Wir wollten uns die Beziehungslandschaften anschauen bzw. die ganz natürliche Entwicklung von Beziehungen, aus denen sich sinnbildlich Landschaften kreieren und so die Verbindung zwischen zwei Menschen oder sozialen Gefügen sichtbar machen.

> Ich glaub, das haben wir schnell durchleuchtet, Ida, denn eine Beziehung beginnt dann, wenn wir einen anderen Menschen sympathisch finden.

Du weißt, Gotthard, ich liebe die Einfachheit, nur jetzt machst du es wirklich ein wenig zu einfach. Und wie läuft das nach deiner Theorie mit unseren Geschäftspartnern, Kunden, Kollegen oder manchmal auch Verwandten, die wir nicht freiwillig wählen? Wo bleibt denn da der Sympathiefaktor?

Gut, du hast mich erwischt, Ida, ich bin dabei.

Wobei, Gotthard?

Die Dinge dann einfach zu machen, wenn ich die Hintergründe, Zusammenhänge und Dynamiken etwas besser verstehen kann.

Hört sich sehr vernünftig an, mein Freund.

So gesehen, weiß ich jetzt nicht, ob ich das will. Nein, Scherz beiseite, du hast ja vollkommen recht.

Um deinen Eifer und Hang zur Einfachheit zu unterstreichen, darf ich dir die zwei Leitsätze eines langjährigen Weggefährten von mir mitgeben:

Dinge EINFACH machen.

Dinge einfach MACHEN!

Das gefällt mir, Ida, ich werde es mir gleich aufschreiben. Also: du sagst Sympathie steht nicht immer am Beginn von Beziehungen.

In der Liebesbeziehung natürlich schon, aber in allen anderen Beziehungen braucht es statt der Sympathie - welche lediglich ein Zusatzgeschenk darstellt - etwas anderes. Dieses andere heißt Respekt und Achtung.

> Ah, da fällt mir die grundlegende Wertschätzung ein, die du bei unserem letzten Treffen erwähnt hast.

Vollkommen richtig, Gotthard. Genau diese Achtung vor anderen Menschen meine ich damit. Dadurch wird es uns möglich, Menschen in ihrem Anderssein aushalten zu können. Wenn du mich fragst, hat das auch ganz viel mit Persönlichkeitsentwicklung zu tun.

> Wie meinst du das jetzt, Ida?

Weißt du, Gotthard, für mich zeigt sich, ob ein Mensch einen hohen Grad an Persönlichkeitsentwicklung hat, darin, wie gut er andere Meinungen, Haltungen, Ansichten und Einstellungen aushalten kann, oder sie bekämpfen oder ablehnen muss. Manchmal erfolgt diese Ablehnung auch den eigenen Ausprägungen gegenüber. Anders ausgedrückt: Wir können erst dann von einer hohen Ausprägung im Bereich Persönlichkeitsentwicklung sprechen, wenn es uns gelingt, uns selbst so zu lassen wie wir sind und von da ausgehend, andere Menschen in ihrem Anderssein lassen zu können. Müssen wir uns selbst oder andere Menschen klein machen, würde ich nicht von einer hohen sozialen Kompetenz und Persönlichkeitsbildung sprechen.

> Wenn das so ist, liebe Ida, habe ich in den letzten Wochen und Monaten einen großen Sprung gemacht. Mittlerweile kann ich es halbwegs gut aushalten, wenn mir Kollegen begegnen, deren Ansichten total konträr zu meinen sind. Heute bin ich sogar manchmal fasziniert von den vielen Ausprägungen und Möglichkeiten, die unser Menschsein hervorbringt.

Gratuliere, junger Mann! Das bedeutet auch, dass du den schwierigsten Weg bereits hinter dir hast. Ist der Beginn erstmal geschafft, geht der Rest leicht.

Wieder auf unsere Beziehungslandschaft zurückkommend, steht am Anfang einer Beziehung erst einmal die Begegnung mit einem Du; aus welchen Gründen auch immer diese zustande kommt; entweder weil wir den anderen Menschen frei wählen oder vor die Nase gesetzt bekommen. Mit Achtung und Respekt bzw. Sympathie beginnt jetzt der Aufbau dieser zwei Säulen. Tragen diese beiden Säulen, haben wir viel geschafft. Umgelegt auf unser Bild: Der erste Gipfel ist erreicht. Du spürst, die Beziehung steht auf festen Beinen, sie trägt gut...

…und dann, Ida?

Dann kommt die zweite Phase einer Beziehung.

Jetzt bin ich aber wirklich gespannt.

Bevor wir uns dieser Entwicklungsstufe widmen, würde mich interessieren, wie DU diese zweite Phase benennen würdest, Gotthard?

Nun, um das zu beantworten, muss ich meine letzte Partnerschaft Revue passieren lassen. Anfangs war ich ja so unglaublich verliebt, dass ich sogar darauf vergaß, überzeugter Pessimist zu sein.

Davon hast du mir noch gar nicht erzählt, Gotthard. Und wie ging diese Geschichte mit euch beiden weiter?

Irgendwann, ich weiß nicht mehr genau wann, schlich sich ein eigenartiges Gefühl ein. Ich begann meine Freundin immer mehr und mehr als Nörglerin zu erleben und das, was mich am Anfang so an ihr faszinierte, nämlich ihre Art, alles und jeden zu kommentieren, nervte mich täglich mehr.

Ja, ja. Häufig ist es so, dass jemand aus denselben Gründen, aus denen er gewählt wird, auch abgewählt wird!

Schließlich hab ich die Beziehung beendet, obwohl ich heute noch öfter an sie denke und mich frage, ob wir es nicht doch hätten schaffen können. Zurückkommend auf deine Frage, würde ich antworten: die zweite Phase einer Liebesbeziehung heißt am ehesten *Verunsicherung.*

Damit liegst du schon sehr gut, mein Freund. Diese Phase beinhaltet aber noch viel mehr als nur Verunsicherung. Ich nenne diese Phase: *Enttäuschung.* Sie folgt unmittelbar dem *Verliebtsein.*

Enttäuschung? Wie meinst du das, Ida? So negative Worte, und das aus deinem Mund.

Keine Sorge, Gotthard, negativ ist es überhaupt nicht. Es deckt lediglich unsere Irrtümer auf. Aber dazu später. Weißt du, je mehr wir über diese Phase wissen, desto weniger sind wir ihr ausgeliefert. In dem Wort *Ent.Täuschung* stecken eigentlich zwei Worte: *„ent"* und *„Täuschung". Ent* stand früher auch für *Ende* und so gesehen, beginnt es plötzlich, Sinn zu machen. Denn diese Phase hat volle Berechtigung. Das Ende einer Täuschung könnte uns dazu veranlassen, genauer hinzuschauen.

Möglicherweise haben wir uns selbst etwas vorgemacht – uns getäuscht - und unseren Partner nicht als Mensch, sondern als außerirdisches, fehler- und makelloses Wesen betrachtet, oder unserem Partner die Zuständigkeit für unsere guten Gefühle übertragen. Solche Täuschungen können nur in ein Ende derselben münden. Nachdem jeder Mensch – und somit auch unser Partner – unperfekt und dadurch gottlob noch nicht vollendet, geschweige denn für unser Glück zuständig ist, könnte die Enttäuschungs-Phase wirklich der Beginn einer guten Beziehung sein. Kein Mensch auf der Welt ist dazu da, um uns glücklich zu machen. Diese Verantwortung für unser Glück dürfen wir niemals so billig delegieren. Selbst, wenn ein Außenstehender das wollte, könnte er das auf Dauer nicht bewerkstelligen. Weil mich dieses Thema, oder konkreter gesagt der Umgang mit Enttäuschung, so packte, wollte ich Paare interviewen, welche länger als fünf Jahre zusammenleben und unabhängig voneinander behaupten, in dieser Beziehung glücklich zu sein. Dazu begab ich mich via medialer Unterstützung auf die Suche, stellte Hypothesen über das Gelingen einer Beziehung auf und entwickelte einen Fragebogen.

So, welche Hypothesen hattest du denn, Ida?

Verschiedenste, die ich zum Teil heute gar nicht mehr weiß. An eine, allerdings, kann ich mich noch sehr gut erinnern. Es war die Annahme, ein Paar müsse die gleichen Vorlieben und Interessen haben.

Und, haben sich deine Behauptungen bestätigt?

Also, um ehrlich zu sein, kaum eine meiner so tollen Annahmen über glückliche Beziehungen hielt dem stand, was ich den Einzelgesprächen entnahm. Die Paare, welche das Zusammenleben am besten schafften, gut miteinander auskamen und noch dazu, laut ihren eigenen Definitionen angaben, glücklich zu sein, unterschieden sich gewaltig von den unglücklichen Paaren. Sie konnten weit besser mit Enttäuschungsphasen umgehen und lernten immer mehr, auf das hinzuschauen, was diese Enttäuschung auslöste. Ferner wiesen sie allesamt eine große Übereinstimmung auf: Die beiden *Grundtäuschungen*, wie ich sie nenne (mein Partner ist ein perfekter Übermensch und immerwährend für mein eigenes Glück zuständig), waren von vornherein nicht vorhanden und somit musste auch keine Enttäuschungsphase folgen. Gemeinsam mit meinem Lehrer brachte ich meine Essenz in eine dreiteilige Intervention für das Gelingen einer Beziehung. Das Wesentliche dabei ist, keinen Teil davon auszulassen und die Reihenfolge zu achten.

1. Teil: *„Ich brauche deine Liebe nicht, um glücklich zu sein."*

2. Teil: *„Ich bin für mein Glück selbst verantwortlich und zuständig!"*

3. Teil: *„...und ich freue mich über alles, was von dir an Liebe dazukommt!"*

Spürst du den Unterschied, Gotthard?

> Ich bin noch ganz berührt und auch leicht irritiert von diesen Sätzen, Ida. Aber natürlich spür ich den Unterschied. Nur frag ich mich, wie viele Menschen das so leben...und wie viele eine Abhängigkeit mit Liebe verwechseln.

Da triffst du voll in die Mitte, Gotthard, denn dieses: Ich brauche dich, um zu..., hat tatsächlich nichts mit Liebe zu tun.

Allmählich verstehe ich die Zusammenhänge. Bei einem unserer Gespräche haben wir uns bereits aus einem anderen Grund über Abhängigkeit unterhalten.

Stimmt, mein Freund. Ein Satz fällt mir dazu noch ein, den ich jetzt sehr passend finde. Bei einem dieser Einzelgespräche hat ein Mann sehr liebevoll über seine Frau gesprochen und gemeint: *„Sie ist mein Sahnehäubchen in meinem Leben!"* Nicht, weil sie nicht anders könnte, bleibt sie, sondern, weil sie nicht muss, kann sie bleiben! Dadurch wird diese Liebe frei und die gemeinsame Entwicklung als Paar kann weitergehen.

Das klingt jetzt schon sehr philosophisch, Ida.

Gut, ich weiß, was du meinst, ich bin schon wieder ganz bei dir...

Keine Sorge, ich melde mich, wenn ich dir nicht mehr folgen kann. Außerdem finde ich es recht witzig, dich zu beobachten, während du diesen Gedanken Raum gibst. Endlich versteh ich auch, warum du vorhin sagtest, dass diese Enttäuschungsphase eine Lern- und Entwicklungsphase ist.

Ja, Gotthard, denn dadurch kann ich auf meine möglichen Täuschungen und utopischen Annahmen über meinen Partner hinschauen. Vielleicht ergeben sich daraus auch einige Täuschungen, die mir dadurch so richtig bewusst werden, mit denen ich aber nicht leben möchte, dann ist es natürlich auch ok! Allerdings kommt dann eine Trennung aus einem anderen Beweggrund und nicht aus der Enttäuschung.

Jetzt wird es aber wirklich spannend. Bitte weiter...!

Schau, Gotthard, wenn sich ein Paar trennt, gibt es in der Regel nur zwei Hintergründe. Nummer eins: Ein Paar trennt sich aus der Enttäuschung heraus. Diese Form der Trennung gleicht allerdings einem Scheitern und hängt uns oft noch lange nach; manchmal einige Beziehungen lang. Wir begegnen immer dem gleichen Muster mit wechselnden Partnern; bis wir endlich erkennen, dass es mehr mit uns selbst zu tun hat, als mit unserem Gegenüber. Oder zweitens, wir trennen uns aus einer Erfüllung heraus.

> Was meinst du mit Erfüllung? Da trennt man sich doch nicht, wenn man erfüllt ist, oder?!

Lass es mich so sagen: Erfüllt im Sinne von voll. Mehr ist da weder möglich, noch notwendig. Erfüllt ist eine Beziehung dann, wenn das, was zwei Menschen aneinander erlernen oder schaffen sollten, erlernt und geschaffen wurde.

> Das hört sich ja fast so an, als hätten wir Verträge miteinander, von denen wir gar nichts wissen und wenn dieser Vertrag erfüllt ist, ist die Beziehung vorbei?!

Möglicherweise beschreiben deine Worte diese Konstellation am treffendsten. Weißt du, Gotthard, ich glaube, wenn wir uns in einen anderen Menschen verlieben, tun wir das aus zwei Gründen. Weil wir genetisch und haltungsmäßig gut zusammenpassen und weil wir uns an genau diesem Menschen entwickeln können. Durch ihn bringen wir uns quasi selbst weiter.

> Moment, langsam, Ida. Das heißt, wir wählen unsere Partner nach den Kriterien Genetik und Entwicklungsmöglichkeiten?

Kurz gefasst könnte man das so beschreiben, Gotthard. Je unterschiedlicher der genetische Code des Partners ist, desto reizvoller die Begegnung. Dieses Verhalten hat uns Mutter Natur eingegeben, weil dadurch Krankheiten und Fehlentwicklungen vermieden werden können. In der Genetik unterschiedlich und in irgendeinem Punkt vertraut weckt höchstes Interesse. Nun kommt die zweite Komponente ins Spiel. Diese wird mit der Frage: *„Kann ich mich an dir entwickeln?"* erforscht. Wir könnten diese Frage auch mit: „Kann ich an der wachsen? Kann ich durch dich etwas lernen?" ausdrücken.

Ich weiß, das kratzt jetzt an deinem neuerworbenen Sinn für Romantik, dennoch scheint es mir nach den vielen Interviews und Begegnungen so. In manchen Beziehungen hat diese Entwicklung, das gegenseitige Weiterbringen und Wachsen kein Ende und in anderen scheint es schnell ausgeschöpft zu sein. Die Gründe hierfür sind sehr komplex und individuell.

Haben wir eine Wahl, dieser Erfüllung zu entkommen, Ida?

Ich weiß es nicht, mein Freund. Dieses Mal kann ich dir leider keine konkrete und eindeutige Antwort geben. Möglicherweise hilft es, sich eine neue gemeinsame Aufgabe und Herausforderung zu suchen. Aber wir bleiben einfach beide dran und erforschen gemeinsam, was es sein könnte...

Akzeptiert!

Vielleicht lassen wir´s fürs Erste dabei: Es gibt Beziehungen, die scheitern und solche, die erfüllt enden. Spätestens nach Abbruch einer Partnerschaft wird klar, aus welchem Grund die Trennung tatsächlich vollzogen wurde. Menschen, deren

Beziehung erfüllt war, können sehr gut miteinander umgehen. Sie wissen - selbst, wenn die Trennung anfänglich Schmerzen bereitet - dass sie aneinander gewachsen und dadurch reifer für einen neuen Weg geworden sind. Paare, deren Beziehung in der Enttäuschungsphase beendet wurde, halten es oft nicht einmal aus, dem anderen auf offener Straße zu begegnen. Das ist leider die optimalste Konstellation für Hass. Nichts macht vor Rache und Demütigung des Anderen halt.

Manchmal schrecken Menschen, die im Hass weiter verbunden bleiben, nicht einmal davor zurück, die eigenen Kinder als Machtinstrument zu missbrauchen, nur um den Expartnern zu schaden.

> Wie kann man jemanden hassen, mit dem man seine Intimitäten teilte, Ida?

Hass entsteht, wenn die Beziehung unfertig abgebrochen wurde und das Gefühl „Liebe" nicht mehr möglich ist. Hass ist also nichtfertige Liebe. Übersehen wird dabei, dass Hass die eigene Seele auffrisst und täglich unfreier macht. Wenn ich jemanden hasse, richte ich fast mein gesamtes Leben nach ihm aus. Ständig bin ich bestrebt danach, zu wissen, was er tut und treibt, damit ich ihm nicht über den Weg laufe und ihm nicht begegne. Das heißt: Hass ist das stärkste Bindemittel. Die latente Form von Hass wäre die vollkommene Gleichgültigkeit, im negativsten Sinne. So zu tun, als ob es den anderen gar nicht mehr gäbe. Das kostet ordentlich viel Kraft, weil innerlich der Behälter ständig zugehalten werden muss, in dem all diese Emotionen und Gefühle gespeichert sind, die mich mit diesem Menschen verbinden.

Angenommen, ich hätte so eine Hassbeziehung. Kann diese jemals ein Ende finden? Ich meine, ein gutes Ende?

Deine Frage lässt ahnen, dass du so etwas erlebt hast, oder?

Leider ja!

Setz dich in einer ruhigen Minute hin und frag dich: *„Was hab ich durch diesen Menschen gelernt?"*. Dadurch beginnst du auf deine eigene Entwicklung hinzuschauen und dieser Beziehung – nachträglich – einen Sinn zu geben. Der nächste Schritt besteht darin, den anderen in sein Leben zu entlassen. Indem du gedanklich sagst: *„All das, was ich durch dich und mit dir entwickelt und gelernt habe, nehme ich mir dankbar mit und entlasse dich in dein und mich in mein Leben. Damit wir beide gut weitergehen können!"* So ungefähr könntest du das angehen, Gotthard. Weißt du, es gibt einen sehr schönen Satz, der es prägnant und deutlich auf den Punkt bringt: Dankbarkeit entlässt! Dankbarkeit macht frei.

Die Wirkung ist irgendwie bereits jetzt spürbar, Ida. Sehr sonderbar...! Trotzdem braucht es schon ein gutes Maß an Selbstreflexion, um wirklich entscheiden und vor allem unterscheiden zu können, ob eine Beziehung tatsächlich zu beenden ist oder ich mich aus Angst und Unfähigkeit heraus meinen eigenen Täuschungen nicht stelle, oder?

Ja, Gotthard, das braucht es tatsächlich!

Vorhin hast du auch davon gesprochen, dass es so etwas wie Liebe tatsächlich gibt. Wie kommt man dort hin?

Indem man diese Enttäuschungsphase gut aufarbeitet und beginnt, neu auf den anderen hinzuschauen. Lass es uns vielleicht so ausdrücken: Verliebtsein heißt im Alltag *Ich liebe dich, WEIL du so bist wie du bist!* und Liebe würde bedeuten: *Ich liebe dich, TROTZDEM du so bist wie du bist!* Das heißt, den anderen Menschen in seiner Unvollständigkeit aushalten zu können. Das geht natürlich umso leichter, umso mehr ich mich selbst in meiner Unvollständigkeit aushalten kann. Das Beste dabei ist, dass wir dadurch wieder in das Gefühl des Verliebtseins kommen können.

Dann beginnt der ganze Kreislauf wieder!

Mit einem Unterschied! Dass wir inzwischen weitergegangen sind und uns entwickelt haben. Dadurch entsteht unsere Beziehungslandschaft - mit Höhen und Tiefen - wissend, dass zu einer gesunden Beziehung alles dazugehört!

Wenn wir dieses Wissen jetzt auf eine Geschäftsbeziehung umlegen, dann steht statt der Verliebtheitsphase die Respektphase und das Hinschauen auf einen neuen Menschen, unterschiedlichster Herkunft, Prägungen, Denkhaltungen, Einstellungen... Quasi eine andere Zündholzschachtel.

Warum schmunzelst du, Gotthard?

Weil es mich an unsere erste Begegnung erinnert und ich den Vergleich damals schon sehr komisch gefunden habe.

Trotzdem – oder vielleicht sogar gerade deshalb – hast du ihn im Gedächtnis behalten.

Vermutlich, Ida, aber ich wollte dich nicht unterbrechen.

Keine Sorge, so schnell verliere ich den Faden nicht. Wir waren bei der Bezeichnung für die erste Phase im Businesskontext. Hier bestimmen vollkommen andere Gründe und somit auch andere Emotionen, warum wir in Beziehung treten. Der Rest allerdings bleibt gleich. Auch da erleben wir die Enttäuschungsphase mit all den Auswirkungen, die wir bereits bei der Liebesbeziehung hatten. Die dritte Phase – die echte Liebe – könnten wir in der Arbeitswelt als *Beständigkeit* bezeichnen. Zu wissen, dass man sich auf diesen Menschen einlassen, verlassen und mit ihm gute Geschäfte und Projekte abwickeln kann.

Ja, Ida, über diesen Beziehungsaspekt würde ich gerne noch mehr wissen. Gute geschäftliche Verbindungen, also wirkliche Beziehungen zu haben, scheint mir eine Grundvoraussetzung für einen dauerhaften Erfolg zu sein.

Da kann ich mich nur anschließen, Gotthard. Außerdem sorgen gute Arbeitsbeziehungen für ein Wohlfühlklima und wirken prophylaktisch auf unsere Gesundheit. Wenn du magst, können wir uns sehr gerne bei einem weiteren Treffen darüber unterhalten.

…und über meine Erfahrungen im Umgang mit Beziehungen!

Abgemacht, mein Freund! Dann können wir uns ja jetzt beruhigt deinen offenen Fragen widmen. Leg los.

Kapitel 4 1/4

„Stress lass nach"

> „Was ohne Ruhepausen geschieht,
> ist nicht von Dauer."

OVID

Okay, Ida, da wäre einmal etwas, was mir sehr zu schaffen macht. Aus meiner Sicht handelt es sich dabei um die Volkskrankheit Nummer 1: Stress. Manchmal hab ich das Gefühl, ich werde davon so gepackt und mitgerissen, dass ich weit wegfahren muss, um dem zu entkommen. Reise ich dann tatsächlich in ein fernes Land, um einen unbeschwerten Urlaub zu genießen, beschleicht mich ein eigenartiges Gefühl von Flucht, was mich wiederum in eine Ablenkung zwingt. Möglichkeiten dazu bieten sich ja zur Genüge.

Ich glaube, dass man so ein Verhalten Freizeitstress nennt, Gotthard. Dieser ist im Grunde nicht besser, er ist nur anders! Gut, mein Freund, lass uns anfangen, dieses Thema genauer zu durchleuchten. Der Begriff Stress stammt ursprünglich aus der Materialkunde. Dabei wurden verschiedene Materialen auf ihre Aushaltbarkeit getestet. Ein Karton, zum Beispiel, hatte den Stressfaktor 4, hielt also weniger aus, während ein anderer mit Stressfaktor 8 deutlich belastbarer war. 1936 hatte der Mediziner Hans Selye den Begriff aus der Physik entlehnt, um die *„unspezifische Reaktion des Körpers auf jegliche Anforderung"* zu benennen. Etwas weniger kompliziert gesagt, wollte er in einem Wort das ausdrücken und beschreiben, was der Körper an Verhaltensweisen unter Anspannung erzeugt. Wobei wir hier korrekterweise noch die Unterscheidung Eustress und Distress einbringen müssten. Das heißt, es gibt auch so etwas, wie einen guten Stress. Den erlebst du immer dann, wenn du zum Beispiel in den Urlaub fährst und noch dies und jenes vorher erledigen möchtest, oder dich auf ein schönes, bevorstehendes Ereignis freust. Natürlich ist auch das Stress, allerdings nicht im herkömmlichen Sinne.

> Korrekt, Ida, wobei mich auch dieser Eustress manchmal sehr fordert.

Keine Frage, mein Lieber. Dennoch können wir diesen Stress gut aushalten, zumal er in der Regel begrenzt, mit dem Eintreten des erfreulichen Ereignisses wieder verschwunden und selbst entschieden ist. Das kennst du vermutlich, wenn du noch dies oder jenes erledigt haben möchtest, bevor du in den Urlaub gehst.

> Natürlich kenn ich das. Das fühlt sich auch nicht schlimm an.

Genau. Um uns wieder deiner Frage zuzuwenden, Gotthard, hast du eigentlich eine Idee davon, was im Körper passiert, während wir Stress – also Distress - haben?

> So ganz genau weiß ich das nicht, ich glaub allerdings, dass dabei Adrenalin ausgeschüttet wird.

Ganz recht, Gotthard. Adrenalin ist ein Nebennierenhormon und im Grunde ja nichts Böses. Es dient zur Mobilisation der Kräfte, um einer bedrohlichen Situation so schnell als möglich zu entkommen. Adrenalin ist deshalb auch eine Art Antriebshormon. Es bewirkt, dass dein Herzschlag schneller wird, dein Blut in einem höheren Tempo zirkuliert und unter ganz massivem Stress dein Verstandeshirn ausschaltet und dein Reptilien- oder Stammhirn aktiviert, um es ganz salopp auszudrücken. Agieren wir aus dem Reptilien- oder Stammhirn, stehen uns lediglich zwei Verhaltensweisen und ein Reflex zur Verfügung. Kampf oder Flucht. Genau in dieser Reihenfolge. Können wir nicht kämpfen, wird alles für die Flucht vorbereitet und wenn selbst das nicht mehr möglich ist, schaltet sich der Totstellreflex ein.

> Das hört sich ja grauenhaft an.

Ich glaube, grauenhaft wäre es, diesen Überlebensmechanismus nicht zu haben, Gotthard! Das wirklich Furchtbare in unserer heutigen Zeit ist, dass wir viel zu viele Situationen erleben oder uns selbst kreieren, in denen wir weit mehr Adrenalin produzieren als abbauen. Das unterscheidet uns gewaltig von unseren Vorfahren. Wenn diese Stress hatten, kämpften oder flohen sie und bauten somit das situativ-produzierte Adrenalin wieder ab. Wenn du dir jetzt den modernen Menschen im Vergleich anschaust, dann wirst du zwangsläufig feststellen, dass er weit mehr Adrenalin produziert als verbraucht. Dadurch, dass er alles viel zu ernst nimmt und zu viel schlechte Informationen verarbeiten muss, suggeriert er seinem Gehirn einen Dauerstress. Mit einer fatalen Auswirkung: Der Zugriff auf das Groß- oder Denkhirn, in dem die Fülle und Vielzahl unserer Verhaltensweisen sitzt, wird unterbunden. Kennst du den Begriff: *Blackout?*

> Leider, nur zu gut, Ida. In der Schule erlebte ich einige solcher Blackouts. Manchmal dermaßen intensiv, dass ich mich an das Gelernte gar nicht mehr erinnern konnte. Paradoxerweise kam mein Denkvermögen wieder zurück, sobald die Prüfungssituation vorüber war.

Siehst du, Gotthard, genau damit hat das zu tun. Ganz vereinfacht gesagt, dreht unser Gehirn als Schutz in einer Gefahrensituation den Zugriff auf das Großhirn ab und aktiviert unser Reptilienhirn. Wir Menschen können eine gewisse Menge an

Adrenalin gut aushalten. Allerdings, wenn dieses Speicherdepot für Adrenalin, oder auch liebevoll *Stresstöpfchen* genannt, voll ist, reagieren wir sehr eigenartig. Situationen, die uns normalerweise gar nichts anhaben, treiben uns oft zu exotischen Reaktionen. Früher erlebte ich das relativ häufig. Eine Situation hab ich noch immer sehr im Gedächtnis: Mein Stresstöpfchen war mehr als voll, als ein Kollege mein Büro betrat und mich höflich um einen Gefallen bat. Aufgrund des veränderten Hormonhaushaltes konnte ich seine Bitte überhaupt nicht neutral sehen. Voller Zorn schrie ich ihn an, dass er mich in Ruhe lassen solle! Erst danach, als ich wieder auf mein Großhirn zugreifen konnte, wurde mir bewusst, dass dieser Kollege am wenigsten für meine Aggression kann und ich ging mich entschuldigen. Das kann und darf natürlich keine Lösung sein, dass wir erst durch eine Explosion wieder Zugriff zu unserem Denken bekommen. Wobei ich nicht weiß, ob eine Implosion besser ist?!

Implosion?

Als Implosion bezeichne ich eine innere Explosion. Das passiert dann, wenn ich mir nicht (mehr) erlaube oder nie gelernt habe, meine Gefühle nach außen zu bringen. Die Folgen hiervon sind sehr oft Magen- und Darmbeschwerden…

…und die sind bei Menschen in unserer Kultur recht häufig.

Zwei Fragen drängen sich spontan auf. Nummer eins: Wie bauen wir Menschen Adrenalin ab? Und zweitens: Was meinst du mit *schlechter* Information? Ich versteh das Wort schlecht in diesem Zusammenhang nicht.

Gut, dass du nachfragst, Gotthard. Zuerst eine Antwort auf deine erste Fragestellung. Erinnere dich an die erste der vier Grundursachen für Probleme *„zu ernst"*, da haben wir kurz darüber geplaudert; durch Lachen und Bewegung bauen wir unsere Stresshormone ab. Daher ist Sport auch für die Regelung unseres Hormonhaushaltes ein sehr wichtiger Aspekt. Dann würde uns noch alles helfen, was unserem Wohlbefinden dient, Gotthard.

Ja, jetzt hab ich´s wieder.

Okay, dann gleich zur zweiten Frage: Den falschen Informationen. Dazu möchte ich mich gerne eines Vergleiches bedienen, den eine sehr geschätzte Kollegin von mir, Vera Birkenbihl, verwendet hat, um einen gesunden Umgang mit Informationen zu erklären. Am Beginn ihrer Erklärung stand die *Fischmetapher*. Weil sie der Ansicht war, dass Menschen Informationen genauso brauchen, wie ein Fisch das Wasser. Allerdings hat der Fisch Kiemen, mit denen er das Zuviel filtern kann. Genau um diese Kiemenfunktion geht es. Wenn wir uns dieser bedienen können, gehen wir selbst im größten, tiefsten und weitesten Ozean an Informationen nicht unter. Gleich einem Fisch, der sich in riesigen Gewässern weit wohler und sicherer fühlt als in einem kleinen Tümpel, wo er täglich Angst vorm Austrocknen haben muss. Wir wollen und brauchen Informationen, aus denen wir selbst herausfiltern, was für uns wesentlich und gut ist. Zum Entwickeln dieses Filters teilen wir Informationen in drei Kategorien ein.

> Ah, du meinst, dass wir für die Informationsflut erst eine Kiemenfunktion installieren müssen. Ich dachte, das macht unser Hirn von sich aus?

Nein, kann es leider nicht. Denn diese Funktionen brauchte es früher nicht, da Informationen immer auf den Stamm und auf das Gebiet von vornherein begrenzt waren. Daher ist es bis heute nicht automatisch in uns angelegt. Erinnere dich, unser Gehirn filtert nach Bedrohung, also nach Gefahr, nach unseren Prägungen, Einstellungen und Überzeugungen und nach dem, was durch unser eigenes Bewusstsein als relevant und wichtig definiert wird.

> Danke, meine Liebe, an das Gespräch kann ich mich noch gut erinnern.

Sehr fein. Dann beginnen wir gleich mit der ersten Kategorie von Informationen, den *Modellinformationen*. Dazu zählen all jene Informationen, die uns Abbildungen und Aussichten über die Zukunft, quasi Modelle, liefern. Hierzu zählen die neuesten Trends genauso wie bei diversen Firmen-Meetings die Entwicklungen der Firma. In der Praxis sieht das dann so aus: *„Hast du schon gehört, da werden wir den Bereich auch noch mitbearbeiten müssen und vermutlich soll das neue EDV-System heuer noch kommen."* Es steht vollkommen außer Frage, dass wir auch diesen Bereich an Informationen brauchen, allerdings sollten wir lernen, diese Kategorie abzuschließen, damit sie uns nicht so viel Energie kostet.

> Langsam, Ida, das musst du mir genauer erklären.

Manfred Spitzer, ein deutscher Psychiater und Neurologe, konnte wissenschaftlich nachweisen, dass nicht abgeschlossene Informationen in unserem Gehirn ein gewisses Maß an Aufmerksamkeit binden und somit permanent innerlich weiterarbeiten. Im Grunde ein hochexzellenter Vorgang, den unser Köpfchen automatisch macht. Im Kontext Schule, zum Beispiel, ist das sehr sinnvoll und nützlich. Leider bedienen wir uns genau in dem Bereich viel zu wenig an diesen angeborenen Mechanismen und schließen den Lernstoff zu früh ab. Dadurch verschwindet das Gelernte aus dem inneren Fokus und wird meist unmittelbar nach der Prüfung wieder vergessen. Im Bereich Modellinformationen ist dieser Vorgang nicht nur hinderlich und unproduktiv, er bindet manchmal dermaßen viel Aufmerksamkeit, dass wir häufig die Klarheit und den Überblick verlieren und vollkommen verunsichert werden. Noch dazu, wo es ohnedies meist anders kommt, als uns in den Aussichten prophezeit wurde. Dieses Verhalten nennt man liebevoll *Kellner-Syndrom*. Der Begriff kommt daher, weil der Prozess eines Kellners im üblichen Fall so aussieht: Gast kommt, Kellner nimmt Essen und Trinken auf, serviert das Bestellte und am Ende bezahlt der Gast. Der Prozess des Kellners ist somit – ganz vereinfacht gesagt - abgeschlossen. Wird dieser Prozess allerdings nicht *ordnungsgemäß* beendet, weil der Gast aufsteht und ohne Bezahlung geht, bleibt der Vorgang im Gehirn des Kellners offen. Dieser Kellner kann vermutlich noch ein halbes Jahr später sagen, was der Gast an diesem Tisch gegessen und getrunken hat und wie er gekleidet war.

Das kann ich mir gut vorstellen, Ida. Ich kenn dieses Verhalten von mir in anderen Bereichen.

Hoffentlich in sinnvoller Hinsicht, Gotthard.

Na ja, wie man´s nimmt...vielleicht erzähl ich dir später davon.

Ja, bitte. Ich bin für jedes Beispiel dankbar. Nun aber weiter in unseren Informationskategorien oder besser im Umgang mit Modellinfo. Aufgrund dieses Kellner-Syndroms, überfordern wir uns selbst bzw. werden überfordert. Ein Blick in die Arbeitswelt zeigt das leider recht deutlich. Hast du schon einmal beobachtet, wie viele Modellinfos bei einem Meeting oder einer Besprechung dazukommen?

Das kenn ich. Ständig neue Präsentationen über mögliche Zukunftsszenarien und Informationen über diverse Entwicklungen. Nur, wie gehe ich damit um? Ich kann doch nicht ständig die Teilnahme an Meetings absagen?

Nein, das wär bestimmt keine Lösung, mein Lieber. Außerdem halte ich gewisse Informationen dieser Kategorie auch für wichtig, noch dazu, wo es in der Praxis ohnedies kaum ein Entkommen gibt. Aus meiner Sicht geht es darum, sie gut abzuschließen. Mit einem Satz gelingt das recht gut: *Wenn es so weit ist, werde ich mich damit beschäftigen und auseinander setzen!* Damit beendest du nicht nur diese Kategorie, du machst dich auch innerlich frei. So baust du dir recht einfach deine Kiemenfunktion auf.

Mir scheint, dass ich diesen Satz beim morgigen Meeting zum ersten Mal anwenden werde. Vielen Dank, Ida!

Gerne. Eine zweite Kiemenfunktion, die du möglicherweise auch schon morgen gut einsetzen kannst, ist der Umgang mit

Frage sucht Zeichen!

Infomüll. In diese Kategorie fallen alle Informationen, die für uns weder nützlich noch dienlich sind. Sie müllen unser Gehirn einfach zu und überfordern es damit, weil auch diese Infos in der Regel nicht abgeschlossen werden und für uns selbst keinen Sinn machen. Infomüll wäre zum Beispiel, wenn dir dein Arbeitskollege erzählt, was der Bekannte seiner Schwägerin im Urlaub alles erleben musste.

Wenn ich dir jetzt so zuhöre, schießt mir der Gedanke durch den Kopf, dass sich in unseren Medien - Print - genauso wie Bildnachrichten - viel, sogar sehr viel Infomüll verbirgt.

Leider liegst du damit richtig, Gotthard. Vieles von dem, was uns in den Nachrichten vermittelt wird, ist tatsächlich Infomüll – für uns weder nützlich noch dienlich! Rudi Carell hat einmal diesen netten Ausspruch getan: *„Die Nachrichtensprecher begrüßen uns mit einem freundlichen „Guten Abend", um uns anschließend zwanzig Minuten lang zu erklären, dass es kein guter Abend ist!"* So ungefähr läuft es tatsächlich. Wenn du dir die Nachrichten anschaust und erfährst, dass es in der Firma Huber brennt, ist das für dich Infomüll, wenn man so mag. Für wen wäre diese Information nützlich und hilfreich?

Ich denke, vorrangig für die Firma Huber selbst. Dann für die Nachbarn und vielleicht noch für die Bewohner in der Umgebung.

Vollkommen richtig. Nur, weder die Besitzer der Firma Huber noch die Helfer brauchen - um zu erfahren, was geschehen ist - das Fernsehen! Jetzt gibt es Menschen, die beinhart Zeitungsabos abbestellen, keine Nachrichten schauen und Gespräche mit

Nachbarn und Kollegen meiden, um sich von diesem Infomüll abzuschirmen.

> Ich weiß jetzt nicht, was du davon hältst, Ida, aber ich, für meinen Teil, stell mir das im Alltag sehr schwierig vor!

Für mich wär das auch nicht optimal, glaub mir. Zumal ich finde, dass dieses permanente Vermeiden auch sehr viel Energie kostet. Dennoch, wenn es für Jemanden passt, warum nicht?! Auch hier halte ich die Entwicklung einer Kiemenfunktion für sehr wesentlich, um nicht jeden Infomüll schlucken und letztlich auch verdauen zu müssen.

> Bin schon sehr gespannt, welchen Satz du mir zu dieser Kategorie anbietest, Ida?

Ganz einfach, Gotthard. Wenn dir jemand Infomüll-Geschichten erzählt oder du sie im Fernsehen via Nachrichten übermittelt bekommst, dann sag dir selbst: *„Und TROTZDEM erlaube ich mir, dass es mir und den Menschen in meinem Umfeld gut gehen darf!"* Wir wissen oft gar nicht, dass diese Info-Kategorien einen Dauerstress in uns auslösen können, welchen wir selbst und unsere Umwelt dann aushalten müssen.

> Ok, ich werde das gleich heute Abend probieren. Aber eine Kategorie hast du vergessen, Ida. Du hast mir doch von drei erzählt.

Gut aufgepasst, junger Mann. Für diese dritte Infokategorie brauchen wir keine Kiemenfunktion, denn das sind die wesentlichen Informationen. Darunter werden all jene Informationen verstanden, die für uns wertvoll sind und über das Wesen, über den Sinn dahinter, etwas aussagen.

Kannst du mir ein Beispiel geben, damit ich mir unter dieser Info-Kategorie etwas vorstellen kann?

Sehr gerne, Gotthard. Nehmen wir an, du würdest in den Radionachrichten hören, dass es eine Massenkarambolage auf der Autobahn A1 mit einem Toten und fünf Verletzten gab. Welcher dieser drei Kategorien würdest du das zuordnen?

Ganz spontan würde ich das unter der Kategorie Infomüll einordnen. Allerdings: Wenn ich mir vorstelle, selbst im Auto zu sitzen und auf der A1 unterwegs zu sein, könnte dies sogar eine wesentliche Information für mich sein.

Deine Antwort ist sehr genial. Du machst bereits eine hervorragende Kategorisierung. Da braucht es kaum mehr zusätzliche Erklärung. Dennoch möchte ich es noch fertig erzählen. Also: Stell dir wieder vor, du hörst Nachrichten, mit folgendem Inhalt: *„Massenkarambolage im Nebel auf der A1. Ein Toter, fünf Verletzte. Die vermutete Ursache war überhöhte Geschwindigkeit. Nachdem wir Menschen peripher sehen, das heißt, Geschwindigkeit in dem Tempo wahrnehmen, in dem Gegenstände an uns vorbei rasen und im Nebel diese Funktion oft sehr verzerrt wird und uns dadurch nur eingeschränkt zur Verfügung steht, fahren die meisten Verkehrsteilnehmer viel zu schnell."* Welcher Kategorie würdest du das zuordnen, Gotthard?

Ganz deutlich der wesentlichen Information. Weil es über das Wesen und über die Hintergründe etwas aussagt. Möglicherweise kann so eine Information sogar dazu beitragen, die Geschwindigkeit im Nebel zu reduzieren.

Sehe ich auch so, Gotthard. Würde man uns das Warum hinter einer Sache deutlich erklären, könnte es uns helfen, unsere Verhaltensweisen oder/und unsere Sichtweisen zu verändern. Das ist mit wesentlicher Info gemeint. Übrigens in dieser Kategorie ertrinken wir nie! Davon können wir Menschen gar nicht genug bekommen. Weder unser Hirn noch wir als ganzer Mensch sind mit dieser Kategorie an Informationen überfordert!

>Ich glaub, du hast mir meinen morgigen Tag schon gerettet, Ida. Ich frage mich gerade, ob meine Schlafstörungen möglicherweise damit zu tun haben, dass ich mir – quasi als Gute-Nacht-Geschichte – noch die Spätnachrichten anschaue und …

…und dich dann wunderst, wenn dein Hirn auf Höchstleistung arbeitet und nicht ruhen mag, weil es viel zu viele Infos der ersten beiden Kategorien zu verarbeiten hat. Ja, das könnte sein, Gotthard!

>Okay, okay, ich hab deine Botschaft deutlich verstanden. Ab jetzt Fernseher raus aus dem Schlafzimmer, damit ich wenigstens noch eine Wegstrecke vom Wohn- in den Schlafbereich zurück zu legen habe, auf der ich mir sagen kann: *Bei all den vielen Missständen auf diesem Planeten erlaube ich mir trotzdem, dass es mir und meinen Lieben gut gehen darf!*

Wie fühlt sich das jetzt an?

>Vollkommen anders, Ida, danke!

Nochmals kurz zurück zum Thema Stress. Darüber haben wir jetzt schon einige Male geplaudert, eines jedoch hab ich dir dazu noch nicht erzählt. Das war für mich so lehrreich, weil sich jeder Stress dabei in kürzester Zeit auflöst. Es geht auf den genialen Aaron Antonovsky, einem Professor der Soziologie, zurück, der gemeint hat, dass Stress kein Primär-, sondern ein Sekundärgefühl ist und somit ein Reaktionsgefühl auf eine darunterliegende primäre Emotion. Bevor ich jetzt aber meine Einfachheit aufs Spiel setze, möchte ich es gleich in ein Beispiel bringen.

> Ok. Danke!

Wenn du sagst: *Ich habe Stress*, hast du eigentlich Angst! Angst ist, wenn man so mag, das Primärgefühl hinter Stress.

> Ganz ehrlich, Ida, ich hab´s noch nicht ganz erfasst. Stress heißt also in Wirklichkeit Angst?

Vollkommen richtig, Gotthard. Nehmen wir an, du hast Stress, weil du noch so unglaublich viel zu tun hast – was hast du tatsächlich?

> Angst, dass ich nicht in der vorgegebenen Zeit mit allem fertig werde, Ida.

Und? Verstehst du jetzt, was er damit meinte?

> Wow, das klingt wirklich unglaublich einfach und vor allem sehr treffend und sehr plausibel.

Er definiert drei Bereiche, die als Folgeerscheinung Stress erzeugen. Erstens: Die Angst, zu wenige Werkzeuge im Umgang mit der Welt zu haben, was so viel bedeutet, wie zu wenige Reaktionsmöglichkeiten unsererseits. Als Überbegriff könnten wir nehmen: Angst vor *Unbewältigbarem*. Den zweiten Bereich beschreibt er als die Angst vor einer möglichen Bedrohung aus der Zukunft. Dieser Stress ist eine Folge der Angst, die entsteht, wenn etwas plötzlich in mein Leben kommt, mit dem ich nicht gerechnet hab und mich voll überfordert. Als Überbegriff könnten wir hier nehmen: *Angst vor Unvorhersehbarem*. Den dritten Bereich bezeichnet er als die *Angst vor etwas Sinnlosem*. Sinnloses erzeugt immer Leiden.

Ich sehe schon in deinem Blick, dass ich dir dazu eine Erklärung und ein Beispiel schulde. Nehmen wir das Ereignis einer Geburt; ein unglaublicher Schmerz für eine Frau. Dennoch macht dieser Schmerz Sinn, weil ein neues Leben geboren wird. Dadurch wird eine Mutter vermutlich nie *nachleiden*, wenn der Schmerz vorüber ist. Man könnte sagen: Leid ist ein in die Länge gezogener, sinnloser Schmerz.

> Diese Definition gefällt mir, Ida, weil ich es bei meiner Nachbarin sehe. Das ist zwar ein ganz anderes Bespiel, aber ich würde es trotzdem gerne anbringen. Sie hat Geld verloren. Ich sehe, wie sehr sie noch immer leidet, obwohl der Schmerz über den Verlust ihres verlorenen Geldes schon lange vorbei sein müsste.

Genau darum geht es, Gotthard. Wenn jetzt etwas Sinnloses, vielleicht sogar noch dauerhaft Sinnloses, in unserem Leben stattfindet, erzeugt es Angst, was wir wiederum als Stress wahrnehmen und beschreiben würden.

> Wie gehe ich jetzt damit um?

Indem du Stress wieder rückführst auf die Angst. Was so viel bedeutet, dass du dir die Frage nach der Angst zu stellen beginnst. Frag dich: *Wovor genau hab ich jetzt Angst?* Möglicherweise davor, dass ich in dieser Situation nicht bestehen kann. Das wäre die Angst vor dem Unbewältigbaren. Bereits jetzt – nur, indem du dir diese Angst bewusst machst und eingestehst - löst sich schon sehr viel. Jetzt holst du dich selbst aus dieser Angst, indem du dich im Gegenteil von Angst stärkst.

Wie bitte? Was ist das Gegenteil von Angst?

Das ist eine gute Frage, Gotthard. Da gibt es vermutlich mehrere Möglichkeiten, die als Gegenteil von Angst genannt werden können. In diesem Fall wäre es für mich das Vertrauen. Das kannst du recht einfach überprüfen. Je mehr du darauf vertrauen kannst, dass eine Situation gut ausgeht oder, dass du etwas gut schaffen kannst, umso weniger wird die Angst. Angst ist aber nichts Böses. Dieser Satz ist mir an dieser Stelle sehr wichtig. Angst ist ein Hinweisgeber. Einerseits bekommen wir den Hinweis, dass wir in diesem Bereich noch Vertrauen lernen können und andererseits bekommen wir Informationen darüber, dass etwas unser Leben gefährden könnte. Hätten wir keine Angst, würden wir eine Autobahn als Fußgänger queren und noch weit mehr verrückte Dinge tun.

Der Blickwinkel gefällt mir wirklich gut, Ida. Ich hätte das nie so gesehen. Ab heute will ich mich fragen, wenn ich Stress aufkommen spüre, welche Angst sich dahinter verbirgt und dann sag ich mir den Satz: *Ich vertraue darauf, dass ich es in der vorgegebenen Zeit schaffe!* oder *Ich vertraue darauf, dass ich alles in mir habe, was ich brauche!* oder *Ich vertraue darauf, dass es so kommt, wie es für mich und alle Beteiligten am besten ist!* oder *Ich vertraue darauf, dass das, was da jetzt so sinnlos erscheint, für mich wichtig ist!* usw.... Damit komm ich jetzt gut durch mein stressiges Leben, das spür ich jetzt schon, Ida! Danke nochmals.

Bei so einem Schüler ist es leicht zu lehren, Gotthard! Es bereitet mir das größte Vergnügen, dir einen anderen, vielleicht ganz neuen Blick auf die Welt und das Leben zu vermitteln. Nur würde ich dich bitten, nie einen eben genannten Satz zu dir selbst zu sagen, von dem du nicht innerlich überzeugt bist. Botschaften, die wir uns vorgaukeln, aber nicht glauben können, bewirken eher das Gegenteil. Wenn du nicht restlos von dem Vertrauenssatz überzeugt bist, Gotthard, stärk dich zuerst in der Überzeugung, bevor du mit dem Satz weiterarbeitest.

Das ist ein guter Tipp, liebe Ida. Nur, wie mach ich das?

Da gibt es einen genialen Trick, mein Lieber. Stell dir vor, deine neue Überzeugung, dein neuer Satz, deine neue Einstellung, was auch immer du Wirklichkeit werden lassen möchtest, gleicht einer Tischplatte. Um sie zu tragen, braucht es tragfähige Tischbeine.

Klingt logisch!

Gut. Deine Tischbeine entstehen ganz einfach dadurch, dass du dir diesen Ausspruch begründest. Springen wir gleich in die Praxis. Du möchtest den Satz: *"Ich bin selbstbewusst."* voller Überzeugung sagen und denken können. Das wäre in unserem Tischbeispiel die Tischplatte. Nun fehlt es noch an den Tischbeinen, damit die Platte gut getragen und gehalten wird. Das erfolgt über deine Begründungen. Du fragst dich, warum du davon überzeugt sein kannst. Beispielsweise, weil du Neues gewagt hast; oder trotz mangelndem Zutrauen deines Umfeldes Dinge durchgezogen hast; oder was auch immer dir an zusätzlichen Beispielen aus deiner Biografie einfällt. Im Optimalfall hast du vier Tischbeine.

> Geht das mit allen Sätzen, die ich voller Überzeugung in mein Leben bringen mag, Ida?

Mit allen, Gotthard!

> Ich hab schon eine Idee, welcher Satz für mich hilfreich wäre…

Schön. Mir hat das Welten erschlossen und mich davor bewahrt, mich selbst zu belügen und mir etwas vorzumachen.

> Gut, Ida, dann will ich auf meinem Zettel nachschauen, welche Fragen ich da noch aufgeschrieben hab. Wenn ich einen Blick darauf werfe, sitzen wir in ein paar Stunden auch noch da, Ida.

Von meiner Seite aus voll ok. Wir haben ja vereinbart, dass wir uns heute Zeit für deine Anliegen und Fragen nehmen.

Kapitel 4 1/2

„Komm und erzähl mir was, plauder auf mich ein...aber richtig!"
frei nach Herbert Grönemeyer

„Man widerspricht oft einer Meinung, während uns nur der Ton,
mit dem sie vorgetragen wurde, unsympathisch ist."

FRIEDRICH NIETZSCHE

Ok. Als ich vorige Woche mit meinem Kollegen einen Zwist hatte, kam der Wunsch in mir hoch, dich etwas über Kommunikation zu fragen. Mittlerweile haben wir uns wieder ausgesöhnt. Meine Frage dazu ist dennoch geblieben: Warum geht mit manchen Menschen die Gesprächsführung ganz einfach und mit anderen schwer, obwohl ich mich da oft ganz besonders bemühe?

Das hat mich auch sehr lange beschäftigt und mein Interesse für ein gelungenes Miteinander, geprägt durch Reden und Zuhören, hört vermutlich auch nie auf. Vielleicht beginnen wir damit, uns die Grundvoraussetzungen für eine gelungene Kommunikation anzuschauen. Wollen jetzt zwei Menschen miteinander ein Gespräch führen, läuft dieser Worteaustausch über drei Ebenen.

Was meinst du mit drei Ebenen, wenn ich doch nur Worte austausche?

Stell es dir so vor: Da bist du. Gegenüber dein Gesprächspartner und zwischen euch drei Kanäle. Diese drei Kanäle bilden die komplette Relation, also die Kommunikationsbeziehung ab. In der Fachsprache wird das als analoge und digitale Form der Kommunikation bezeichnet. Dazu kommt noch die Metaebene der Kommunikation.

Okay, Ida. Kurze Wiederholung, damit ich dir gut folgen kann. Ebene 1: Mund-zu-Mund-Ebene. Das ist die Ebene der tatsächlich gesprochenen Worte.

Genau, Gotthard. Dann kommt die Ebene der nonverbalen Kommunikation. Die dritte, die Metakommunikation, bezieht sich auf das WIE, also darauf, wie etwas gesagt wird. Dazu zählt die Tonalität, quasi der Wortklang. Bildlich gesprochen kannst du dir diese Verbindung in Höhe des Solarplexus, also der Nabelgegend vorstellen. Vereinfacht gesagt könnten wir diese drei auch als Mund-, Bauch- und Überkopfebene bezeichnen. Über diese Ebenen laufen unsere Gespräche. Das heißt, die Summe dieser Ebenen bezeichnen wir als vollständige Kommunikation. Manchmal sind es auch gar nicht die Worte, die uns irritieren, sondern das meist unbeschreibliche Drumherum. Worte sind sehr oft neutral und werden erst durch die Beziehung eingefärbt. Passen alle drei Ebenen gut zusammen, bezeichnen wir das als kongruente Kommunikation.

> Unser größtes Manko ist es vermutlich, die Basisebene, also die analoge Kommunikation, herzustellen und zu halten, nehme ich an.

Das glaube ich auch, lieber Gotthard. Durch unsere oftmaligen Rechtfertigungen und unser Recht-haben-wollen legen wir zu großen Wert auf die Worte und unterschätzen die anderen Ebenen. Ein Wort in unserer Sprache trägt zusätzlich das seine dazu bei. Es ist das *ABER*, das leider dafür sorgt, dass aus der Verbindung eine Unterbrechung wird. Dieses Aber macht manchmal Sinn; speziell in unserer eigenen Kommunikation, um ganz bewusst die vorangegangene Aussage zu unterbrechen, weil wir eine Botschaft mitteilen möchten, die einen ganz anderen Charakter haben soll. In der zwischenmenschlichen Kommunikation scheint etwas anderes angemessener. Gleich wieder in die Praxis: jemand sagt zu dir: „*Lieber Gotthard: ich schätze dich wirklich sehr, weil du zuverlässig und loyal bist, aber...*"

Frage sucht Zeichen

...dann würde ich die liebevolle Aussage, und sei sie noch so ehrlich gemeint, gar nicht nehmen können und die zweite bleibt vermutlich als massiver Vorwurf hängen.

Vermutlich: Ja. Was auch immer dein Gesprächspartner nach dem Aber anhängen mag: Das Gute verliert an Kraft und die Kritik hinterlässt einen faulen Nachgeschmack. Wobei ich über Kritik später mit dir plaudern möchte. Jetzt bleiben wir noch bei der Grundform einer guten Gesprächsführung.

Leider muss ich dich nochmals kurz unterbrechen, Ida. Mir fällt auf, dass ich es auch nicht anders mache. Vor allem, weil ich auch gar nicht wüsste, wie und was ich statt ABER sagen könnte?

Dazu möchte ich dir eine Geschichte erzählen. Mein größter Lehrmeister in puncto Kommunikation war ein Junge, knapp zehn Jahre alt, seines Zeichens Volksschüler in unserem Land. Leider gab es in seiner Klasse einen Buben, der mit einem Messer auf Lehrer und Mitschüler losging und sie massiv bedrohte. Somit wurde ich als Kommunikationstrainerin gemeinsam mit einer Psychologin beauftragt, einen Workshop für und mit der ganzen Klasse zu machen. Als ich mit meinen Ausführungen begann, wollte dieser junge Bursche – mein Lehrmeister – eine Zwischenfrage an uns richten. Ein Mitschüler, der *„Messer-Bedroher"*, wie sich später herausstellte, unterbrach ihn ziemlich brutal und garstig. Er sagte zu ihm, dass er sofort seinen Mund halten solle, da er nichts zu melden habe, weil er ohnedies nur adoptiert sei! Mir hat es die Sprache verschlagen, Gotthard.

Das glaub ich dir.

Als ich endlich aus meiner Überforderung reagieren konnte, gab ihm Peter, unser Kommunikationsgenie, bereits eine – mehr als gelungene – Antwort: *„Ja genau...und im Gegensatz zu dir haben mich meine Eltern ausgesucht, dich mussten sie so nehmen wie du bist!"*

Wow, das ist echt genial!

Fairerweise muss ich jetzt dazusagen, dass ihm vielleicht seine Adoptiveltern immer wieder das Gefühl gaben, etwas Besonderes zu sein und ihm diese Worte einimpften. Dennoch beantwortet es nicht die Frage, wie er die Ebene der analogen Kommunikation aufrecht halten konnte. Gleich einem Dauerlaufband in meinem Gehirn spielte ich die Sequenz immer und immer wieder durch. Bis mir plötzlich klar wurde, was er machte bzw. eben nicht machte. Er unterbrach die nonverbale Ebene kein einziges Mal durch dieses Aber, sondern begann mit dem Bindewort *und* Seines dranzuhängen. Er überspitzte es sogar noch, indem er sagte: *„Ja genau, und..."* Da begriff ich, wie wichtig dieser Teil der Verbindung wirklich ist.

Das ist wirklich sensationell!

Finde ich auch! Wenn ich das auf unser Gespräch umlege und in dieser Form mit dir spreche, könnte sich das vielleicht so anhören: *„Lieber Gotthard, ich schätze dich sehr, weil du loyal bist und sehr aufmerksam zuhörst UND ich würde mir wünschen, mehr von dem...und weniger von dem...!"* Hörst und spürst du den Unterschied?

Sehr deutlich sogar. Jetzt hab ich das Gefühl, dass ich auch den zweiten Teil deiner Aussage gut nehmen kann.

Siehst du, Gotthard, ein gelungenes Gespräch könnte so einfach sein, wenn wir gut in Verbindung mit unserem Gesprächspartner sind. Von diesem Moment an konnte ich es auch aushalten, dass mein Vis-a-vis eine ganz andere Meinung als ich vertrat. Durch dieses *UND* konnte ich meine Ansicht dazu hängen und musste weder ihn noch mich kleiner oder größer machen. Praktisch gesprochen kannst du sagen: *„Aus deiner Sicht ist es so und aus meiner Sicht so!"* Dabei kann von allen Beteiligten die Würde gewahrt bleiben.

> Wenn ich dir so zuhöre, Ida, freu ich mich schon sehr auf mein nächstes Gespräch mit hoffentlich ganz unterschiedlichen Standpunkten, damit ich gleich ausprobieren kann, wie leicht und einfach gute Gesprächsführung sein kann!

Hervorragend, dein Experimentiergeist, Gotthard. Ich gratuliere dir zu dieser neuen Lebenshaltung. Einfach ausprobieren, Feedback nehmen und bei Gelingen beibehalten; bei Nichtgelingen eine andere Strategie wählen. Das nennen wir in unserer Branche *Handlungsmodell*.

> Seit einiger Zeit kann ich das Leben ähnlich einem Testlabor sehen, in dem ich einfach herum experimentieren kann, ohne dass gleich alles zum Erfolg führen muss. Das nimmt mir sehr viel Druck und gibt mir die Möglichkeit, Dinge auszuprobieren, die ich mir früher nie zugetraut hätte.

> Weißt du was, Ida, ich glaub, das hab ich dir und deiner Einstellung zu verdanken.

Wenn das so ist, lieber Gotthard, berührt es mich sehr und zeigt mir wieder einmal, wie schnell sich Menschen verändern können, wenn sie es selbst möchten und noch dazu in der Zeit, in der es für sie gut und richtig ist. Trotzdem bist es du, der die Veränderung gemacht hat. Ich kann lediglich Werkzeuge zur Verfügung stellen. Bearbeiten kann ich damit nichts. Das kann immer nur der Betreffende selbst.

> Ich bin überzeugt davon, Ida, dass dieses Verhalten nur möglich ist, weil ich mir wieder erlaube *Mensch* zu sein. Das ist vermutlich eine meiner wichtigsten Entwicklungen in den letzten Jahren.

Sehr fein. Dann kommen wir gleich zu unserem – vorhin kurz angeschnittenen – Thema: Umgang mit Kritik. Im Grunde ist Kritik eine komische Sache, denn kritisieren sollte ich erst, wenn mein Gegenüber weiß, wovon ich wirklich spreche.

> Kaum bin ich in der Klarheit, werde ich schon wieder verwirrt.

Ich bin schon dabei, dir dazu die Hintergründe zu liefern. Frederick Herzberg, ein amerikanischer Psychologe und Professor für Arbeitswissenschaft, entwickelte das sogenannte *Lernberg-Modell*. Untenstehend, im Sinne von basisbildend, sind in seinem Modell die Anfänger. Darüber befinden sich die Fortgeschrittenen und noch einmal darüber liegt das Expertentum. Herzberg bezeichnet diese Ebene als *Meisterschaft*. Wenn wir das nun auf unseren Umgang mit Kritik umlegen, können wir verstehen, was er damit gemeint hat, als er sagte: *„Kritik nützt erst einem Fortgeschrittenen, einem Menschen, der schon weiß, worum es geht!"* Befindet sich ein Mensch auf der Ebene des Anfängers, weil er von diesem Wissensgebiet einfach noch keine Ahnung hat, braucht es etwas anderes als Kritik. Dieses Andere heißt hier: Feedback. Wirkliches Feedback allerdings!

Alles klar, aber was meinst du mit „wirkliches Feedback", Ida?

Machen wir wieder einen Gedankenausflug in die Praxis, um zu sehen, wie das im Alltag abläuft. Wenn ich jetzt dabei bin, mir eine neue Fähigkeit anzueignen, oder eine neue Sprache zu lernen, nützt es mir nichts, wenn du mich permanent in meinen Fehlern korrigierst. Im Gegenteil, es verunsichert mich nur noch mehr und nimmt mir die Freude am Lernen, Üben und Ausprobieren immer mehr. Würdest du mir durch klares Feedback, im Sinne einer wirklichen Rückmeldung, mitteilen, wie ich es mir leichter und einfacher machen könnte, um zum gewünschten Ergebnis zu kommen, könnte ich es nehmen. Ähnlich dem *Kalt-Warm-Spiel*, das du vermutlich aus deiner Kindheit kennst. Ein Kind versucht mit geschlossenen Augen eine Aufgabe zu bewältigen und wird nur durch die Worte: kalt, kälter, lauwarm, wärmer, usw... angeleitet. So kann es auf leichte und spielerische Art und Weise die kompliziertesten Herausforderungen meistern. Selbst, wenn es gar keine Ahnung von der eigentlichen Aufgabe hat. Solches Feedback ist immer annehmbar, weil es weder kritisiert, noch an die Persönlichkeit des Menschen gerichtet ist. Es bezieht sich tatsächlich nur auf das momentane Tun, um schneller ans Ziel zu kommen. Wir könnten sagen: Kritik ist nur in zwei Situationen berechtigt. Fall 1: Ich bin bereits Fortgeschrittener im Herzberg-Modell und weiß worum es geht. In dieser Entwicklungsstufe kann ich es zum ersten Mal gut aushalten, kritisiert zu werden. Unter anderem auch deshalb, weil ich selbst nicht mehr ahnungslos in dieser Materie bin und dadurch die Möglichkeit für eine etwaige Begründung meinerseits einbringen kann. Fall 2: Kritik ist sinnvoll, wenn sie dazu beiträgt, meine blinden Flecken sichtbar und somit kleiner werden zu lassen.

> Puh, das ist viel auf einmal ... und was meinst du mit „blinden Flecken", Ida?

Damit bezeichnet man Verhaltensweisen, welche für unser Umfeld sichtbar, für uns aber komplett ausgeblendet sind.

> Ok, erzähl weiter, das hört sich ja super spannend an! Wobei ich mir gar nicht vorstellen kann, solche, mir nicht bewussten, Verhaltensweisen an den Tag zu legen.

Doch, mein Lieber. Allerdings darf ich dich beruhigen, denn bei aller Unterschiedlichkeit, ähneln wir uns in zwei Punkten. In der Unperfektheit – erinnere dich, lieber Gotthard, darüber haben wir bei einem unserer Gespräche bereits geplaudert - und in den blinden Flecken oder nichtbewussten Verhaltensweisen, um es korrekt zu formulieren.

Vielleicht kann ein kurzes Beispiel zur Aufklärung beitragen?

> Ja, bitte, denn derzeit kann ich mit dem Begriff nicht viel anfangen.

Nehmen wir an, du hättest einen Kollegen, der andere ständig im Gespräch unterbricht. Ihm selbst fällt diese unpassende Verhaltensweise gar nicht auf, nur seine Gesprächspartner werden mit jedem Mal verzweifelter und ungehaltener. Obwohl sie einer Konversation mit ihm immer mehr ausweichen, merkt er sein Fehlverhalten, oder besser seinen blinden Fleck, nicht.

> Das heißt also, in diesem Fall wäre Kritik angebracht. Die Frage ist nur, wie adressiere ich sie an die betreffende Person, ohne verletzend und/oder anmaßend zu wirken, Ida?

Erinnerst du dich an die Grundlagen der Kommunikation? Mit dem Bindewort *und* kannst du deinen Verbesserungsvorschlag dranhängen und dem Kritikempfänger somit die Wahl lassen, es zu nehmen oder eben nicht. Optimale Kritik stellt eben immer nur ein Angebot dar, nicht mehr und nicht weniger. Weißt du, mein Freund, ich persönlich bin ja davon überzeugt, dass unsere ausgeblendeten Verhaltensweisen naturgegeben sind, um die Spezies Mensch sozial zu machen. Stell dir vor, wir wären allesamt Überwesen – ohne Fehler, ohne Unperfektion und ohne blinde Flecken – das wäre fatal. Wir würden einander nicht brauchen und vermutlich zu asozialen Einzelgängern mutieren. Durch diese menschlichen Ausprägungen wird das unglaublich genial verhindert.

> Deine humoristische Haltung stellt diverse Unarten bei Menschen gleich in ein anderes Licht und ehrlich gesagt wirkt sie auch auf mich sehr befreiend.

Deshalb ist Kritik für mich ein Geschenk, welches dazu beitragen kann, immer freier und flexibler in unseren eigenen Handlungsweisen zu werden.

> Klingt irgendwie logisch. Und wie sieht das jetzt auf der anderen Seite der Kritik aus, oder genauer gesagt, wie

gehe ich damit um, wenn ich kritisiert werde, möglicherweise auch unberechtigt?

Dazu kann ich dir etwas sehr Praktisches anbieten, Gotthard. Martin Seligman, dem Begründer der Positiven Psychologie, ist dieses Thema schon sehr lange ein Anliegen. Deshalb hat er sich auch ausführlichst damit beschäftigt und etwas unglaublich Faszinierendes dabei entdeckt: Von zehn Menschen, die uns kritisieren, haben wie viele etwas Wertvolles und Nützliches anzubieten?

Du meinst, was uns hilft, die blinden Flecken aufzudecken?

Ja, genau. Rate mal...

Also ich würde meinen, sieben von diesen zehn.

Seligman hat etwas anderes herausgefunden. Lediglich einer dieser zehn Kritiker liefert uns wirklich berechtigte Kritik! Die anderen neun tun dies aus einem anderen Grund oder genauer gesagt aus zwei anderen Hauptgründen.

Ok, spannend. Sag!

Ich sage dir, was ich in der Praxis sehr stark beobachte. Zum einen kritisiert man uns aus Neid und zum anderen aus mangelndem Selbstwertgefühl!

Aus einem verminderten Selbstwert heraus zu kritisieren, kann ich noch nachvollziehen, weil Kritik vom eigenen, nichtvorhandenen Selbstwert ablenkt und uns kurzfristig größer wirken lässt, aber aus Neid?!

Ich konnte oder vermutlich wollte es auch nicht verstehen, dass gerade in unserer Wohlstandskultur des Überflusses Neid einer der Hauptgründe für – unberechtigte – Kritik ist. Erinnerst du dich noch an das Symbol, welches ich dir bei unserem ersten Treffen gezeigt habe?

Meinst du Yin und Yang?

Genau. Ursprünglich stammt dieses Symbol aus dem Taoismus. Es besagt, dass es nichts Weißes ohne einen schwarzen Fleck gibt und nichts Schwarzes ohne einen weißen. Symbolisch betrachtet, könnten wir das Gute und Schöne dem weißen Feld zuordnen und das Schlimme und Schwere dem Schwarzen. Der schwarze Punkt in der weißen Hälfte steht stellvertretend für den Preis, den jedes Gute, Schöne, Erfolgreiche, usw. fordert. Ohne diesen Preis gibt es keinen dauerhaften Erfolg.

Klingt irgendwie schwer – dieses Preisgeben.

Nein, keine Sorge, Gotthard. Einen Preis zu geben, muss nicht gleichbedeutend mit Schwere sein. Es braucht lediglich Bewusstsein darüber und die Bereitschaft, Ja zu sagen. In manchen Kulturen nennt man das auch Hingabe. Bringen wir das am besten wieder in ein Exempel. Wir nehmen an, du überlegst, dich beruflich zu verändern. Dazu gehört auch, dir den – dafür erforderlichen – Preis bewusst zu machen. Das kann jetzt von wirklichem Preis, im Sinne von Geld für eine Ausbildung gehen, bis hin zum Lernen und möglicherweise Verzicht von freien Wochenenden. Erst, wenn du diesem Preis zustimmen kannst, ist der Weg für einen möglichen Erfolg geebnet. Das liefert auch den Grundstein für dauerhaften Erfolg! Außerdem entwickelt sich unser Selbstwert proportional zum Preisgeben. Je mehr Preisbereitschaft wir aufbringen, desto mehr steigt unser innerer Eigenwert. Als Thomas Alva Edison einmal gefragt wurde, wie er sich nach so vielen Fehlversuchen trotzdem motivieren konnte, dranzubleiben und höchst erfolgreich - unter anderem - das elektrische Licht zu erfinden, gab er überzeugend sinngemäß zur Antwort, dass jeder Mensch erfolgreich sein könne, wenn er zum Preis, den es kostet Ja sagen kann und den Weg zum Erfolg mehr liebt als das Ziel!

    Da steckt schon sehr viel Wahrheit drinnen, Ida.

Und echte Größe!

    Nur frag ich mich, was das jetzt alles mit Neid zu tun hat, Ida?

Neid ist - laut meiner Definition - ein Ausblenden des Preises beim Anderen! Indem ich nur auf sein Gutes, Schönes, Erfolgreiches – quasi sein Weißes – hinschaue und seine Hingabe dazu ausblende. Ein deutsches Sprichwort drückt das recht deutlich aus: *„Der Neider sieht nur das Beet, den Spaten sieht er nicht!"* Ich bin überzeugt davon: Würden wir unsere Aufmerksamkeit auf den Preis, den andere Menschen für etwas geben, richten, wäre die Untugend Neid bereits ausgerottet!

    Vermutlich hast du mir damit weit mehr aufgezeigt, als du ahnst, Ida.

Dann lassen wir das noch gut nachwirken und richten unseren Fokus gleich auf den zweiten Aspekt für unberechtigte Kritik:

mangelndes Selbstwertgefühl. Immer dann, wenn ich selbst sehr an mir zweifle, große Unsicherheit hege und unfähig bin, mit mir und meiner eigenen Unzulänglichkeit zurechtzukommen, schleicht sich dieses Mangelgefühl ein. Nachdem es weit bequemer ist und so herrlich ablenkend wirkt, einen anderen Menschen zu kritisieren und persönlich anzugreifen, stirbt diese Form der unberechtigten Kritik vermutlich nie aus. Hinzu kommt der trügerische Schein einer Überlegenheit, da sich im Moment der Kritik der andere meist klein und unsicher fühlt. Deshalb ist solche Kritik nicht nur unberechtigt, sondern auch verletzend und irritierend.

> Wenn ich mir das so recht überlege, sind mir beide Positionen vertraut. Sowohl die *Opfer-* als auch die *Täter-Position*, wo ich unberechtigt Kritik übte.

Vermutlich sind sie uns allen gut bekannt, Gotthard. Kennst du das Anagramm zu Fehler?

> Nein, Ida, mir ist nicht einmal der Begriff „Anagramm" vertraut.

Der Begriff selbst stammt aus dem Griechischen *anagraphein* und heißt in der Übersetzung wörtlich umschreiben. Es bezeichnet den Vorgang der Buchstabenumstellung. Werfen wir die einzelnen Buchstaben des Wortes *Fehler* in einen Topf und holen sie nach kurzem Schütteln wieder heraus, kann ein ganz neues Wort entstehen. In unserem Fall lautet das Anagramm zu *Fehler ganz einfach Helfer*. Die Aufgabe eines Fehlers besteht tatsächlich darin, uns zu unterstützen und aufmerksam zu machen. Sobald wir – beim Entdecken eines eigenen Fehlverhaltens – aufhören, uns selbst innerlich zu beschimpfen, sondern lieber fragen, was wir jetzt daraus lernen können und sollen, war der Fehler nützlich, wertvoll und hilfreich und somit auch berechtigt!

> Deine Sichtweise nimmt mir das Drama im Umgang mit meinen Unzulänglichkeiten!

Dann steht unserem Umgang mit verletzender Kritik ja nichts mehr im Wege. Ein weiser Mensch gab mir dazu auf den Weg, dass ich bei der nächsten Kritik mit meiner üblichen Kritikroutine aufhören und mir stattdessen eine Frage stellen solle.

> Halt, halt, Ida, bevor du weitersprichst, was ist eine übliche Kritikroutine?

Als Kritikroutine würde ich ein eingeschliffenes Reaktionsmuster bezeichnen. Die Art und Weise wie wir auf Kritik, ganz gleich ob berechtigt oder nicht, reagieren. Kritikroutine wäre zum Beispiel: Ausfällige Antworten zu geben oder beleidigt zu sein oder gekränkt zu reagieren oder, oder... Unsere Reaktionen fallen ganz unterschiedlich aus und hängen von unserer Persönlichkeit und unseren Erfahrungen ab. Genau diese Routine sollen wir einmal beiseite geben, um unserem Kritiker eine Frage zu stellen. Im Englischen sagt man: *Tell me more!* Erzähl mir mehr...wann, wie, was... genau tat ich, das was du kritisierst? Damit trennt sich Spreu vom Weizen oder anders gesagt: berechtigte Kritik von unberechtigter!

> Ich kann mir schon vorstellen, was mit dem Typen wird, der aus Neid oder mangelndem Selbstwert kritisierte. Der wird sich in einen Strudel hineinreden, wo ich erkennen kann, dass diese Kritik nichts mit mir zu tun hatte.

Ja, Gotthard, solche Kritik löst sich dann sehr schnell auf!

Und der andere?

Du meinst den, der etwas Wertvolles und Nützliches anzubieten hat und berechtigte Kritik anbringt?

Genau diesen, Ida.

Der kann auf mein Nachfragen so konkret werden, dass es mir wirklich hilft, meine blinden Flecken aufzudecken. Solche Kritik ist nicht nur äußerst hilfreich, weil sie mich weiterbringt, sie ist auch gut aushaltbar, da sie sich immer an die Akzidenz richtet, nie an die Substanz.

Stopp, meine Liebe! Bitte um Erklärung. Was bedeutet Substanz und was Akzidenz?

Substanz bedeutet das *Seiende, das Essentielle*, Akzidenz, ebenfalls aus dem Lateinischen, kann man sinngemäß mit *zum Seienden gehörend* oder umgangssprachlich mit *Beiwerk* übersetzen. Kritik an der Substanz eines Menschen steht uns nie zu.

Das interessiert mich, Ida. Wie kann ich Substanz und Akzidenz unterscheiden?

Nun, wenn du mich jetzt ansiehst: Ich trage eine Bluse, eine Jeans, Schuhe und einen Pullover. Das bin ich. Substanz. Würde ich jetzt meinen Pulli ausziehen, was wäre dann Substanz und was Akzidenz?

Meiner Meinung nach wärst du Substanz und dein Pulli Akzidenz.

Vollkommen gut erkannt, Gotthard. Unsere ganzen Verhaltensweisen sind Akzidenz. Unser Wesen könnten wir demnach als Substanz bezeichnen. Wenn ich jetzt sagen würde: „Du bist dumm!", würde sich diese Kritik an deine Substanz richten. Genau hingehört, drückt diese Unterscheidung der Volksmund sehr deutlich aus: *Der geht mir an die Substanz!*

Richtet sich hingegen mein Korrektiv an die Akzidenz meines Gegenübers, hat er immer die Möglichkeit, es zu nehmen und daraus zu lernen oder eben nicht. Im Gespräch könnte sich das so anhören: „Du bist ok. (=Substanz in Ordnung!) Was du getan hast, war in meinen Augen nicht ok (Kritik an Akzidenz, um zu lernen)!" Ich weiß, das hört sich im täglichen Umgang befremdend an, es reicht allerdings schon, wenn ich den Sinn dahinter verstehe und somit anders kommunizieren kann. Automatisch verwende ich dann Formulierungen, die sich an die Akzidenz richten. Du wirst sehen.

> Das, was du sagst, klingt sehr logisch für mich, dennoch, liebe Ida, fällt mir doch schon beim Umgang mit kleinen Kindern auf, dass wir unentwegt die Substanz kritisieren. Wenn ich da an meinen letzten Grillnachmittag bei Freunden denke, wie oft die Kinder ermahnt wurden und hören mussten, wie furchtbar störend und dumm sie nicht seien…

Möglicherweise resultiert unsere Angst vor Kritik genau daher, weil wir es in unserer Kultur kaum gewöhnt sind, konstruktiv und wertschätzend mit uns selbst, geschweige denn mit anderen Menschen umzugehen. Jetzt bieten sich uns exakt zwei Möglichkeiten: Entweder wir schimpfen weiter auf alles Schlechte in unserer Kultur und leiden dadurch auch weiter, oder wir beginnen jeden Tag aufs Neue, es anders zu tun. Das heißt, einen wertschätzenden Umgang mit uns selbst und unserem Umfeld zu pflegen. Verbessern lässt sich nur etwas, wenn ich es selbst besser mache! Ist uns das einmal bewusst, sind wir im Besitz des Schlüssels für Veränderung. Mahatma Ghandi hat dazu ein treffendes Zitat geprägt: *„Sei du die Veränderung, die du in dieser Welt haben möchtest!"* Ohne großes Getue das zu leben, was wir oftmals den anderen Menschen ankreiden.

> Jetzt hast du mich erneut an einem sehr wunden Punkt erwischt, Ida. Wenn ich da an unsere erste Begegnung zurückdenke, wo es um die Eigenverantwortung und ums Schuld geben ging. Wie leicht es doch immer wieder ist, einem anderen Menschen und/oder äußeren Umständen die Schuld zu geben und wie schwer im Gegenzug Eigenverantwortung scheint...?

Keine Bange, Gotthard, wir bekommen jeden Tag viele neue Gelegenheiten, all das zu üben. Apropos üben: Ich hatte in meinem Leben eine Begegnung mit den Shaolin-Mönchen, deren Disziplin und Übungsbereitschaft ohnedies bekannt ist.

Darf ich dir davon erzählen? Es würde jetzt so gut dazu passen.

> Natürlich darfst du das. Wenn du mir zutraust, dass ich auch das noch gut aufnehmen kann, Ida?

Du bist doch selbst in deiner Eigenverantwortung und kannst sagen, wenn es dir nicht mehr gut tut, oder?

> Gut, gut. Du hast gewonnen. Ich habe meine Grenze zu setzen und liebevoll zu vertreten. Bitte erzähle.

Mach ich sehr gern. Wir durften eine ganze Trainingseinheit mit ihnen verbringen und die Beherrschung von Körper und Geist hautnah erleben. Weit faszinierender waren bzw. sind aber deren Grundhaltungen, nach denen sie ihr Dasein ausrichten. Für mich war es umso bedeutsamer, weil diese Begegnung in einer Zeit stattfand, in der es mir mit mir und der Welt gar nicht gut ging. Ich wusste nicht, wie es weitergehen sollte...

    Das find ich ja komisch, Ida. Du und nicht weiterwissen?! Das passt doch gar nicht zu dir!

Ich war nicht immer so klar und lebensbejahend wie heute, Gotthard. Es gab tatsächlich eine Zeit, in der ich nicht wusste, wo oben und unten ist. Solche Zeiten, geprägt von Verwirrung, Ratlosigkeit und Verzweiflung erlebe ich immer wieder. Aber seit ich weiß, dass all das zu einem weisen Menschen dazugehört, gehe ich anders damit um. Vielleicht kennst du das auch: Umso weniger du selbst weißt, was für dich gut ist, umso besser wissen es die anderen für dich. Und zwar jeder auf seine Art und Weise, so dass du am Ende verwirrter bist als je zuvor!

    Oh, das kenn ich...

Nun, jedenfalls fiel meine Begegnung genau in diese unsichere Zeit. Von allen Seiten spürte ich Druck, so zu agieren, wie es den mehr oder weniger wohlgemeinten Ratschlägen meines Umfeldes entsprach. In dieser Ausweglosigkeit, geballt mit der Erkenntnis: Egal, was ich mache, es ist ohnedies falsch!, begann mein Gespräch mit dem alten Meister. Nach einer Weile unterbrach er mein beschuldigendes Geschwätz mit den Worten: *„Genug, genug! Was genau ist dein Anliegen?"* Fast versteinert schoss es aus mir heraus: „Dass mich Menschen in meinem Umfeld durch ihr Nichtzutrauen verunsichern." Endlich konnte ich auf den Punkt bringen, was schon lange in mir loderte. Dadurch, dass ich selbst nicht genau wusste, wo und wie mein Weg weitergehen sollte und auch sehr an mir zweifelte, kam ich immer mehr in diesen Sog der Verunsicherung und schob meinem Umfeld die Schuld dafür zu. Dieser weise alte Mann antwortete mit einem Gleichnis auf meine Frage: *„Weißt du, dass es der Gegenwind ist, der einen Drachen zum Steigen bringt, niemals der Rückenwind!"* Verbeugend verabschiedete er sich und ließ mich in meiner Nachdenklichkeit stehen. Erst nach ein paar Momenten begriff ich die volle Größe hinter diesem Satz: Im Grunde brauche ich diese Haltung der anderen Menschen, damit ich endlich durch diesen Gegenwind steigen und dadurch meinen Weg gehen kann! Endlich begriff ich, wie wichtig es ist, solchen Gegenwind zu erfahren. Es bündelt die Kraft und zeigt auf, ob etwas wirklich Unseres ist oder nicht. Außerdem gibt es uns unsere Eigenverantwortung zurück! Von diesem Moment an, lieber Gotthard, konnte ich es nicht nur gut aushalten, wenn mir jemand etwas nicht zutraute oder gar an meinen Vorhaben zweifelte, es bestärkte mich innerlich sogar.

> Ich bin ganz berührt und merke, wie dieses starke Gefühl meine ganze Person erfasst! Wie einfach kann es sein, wenn wir wissen, wie wir mit Druck umgehen können, Ida...

Mir ging es damals genauso! Herausgekommen ist eine veränderte Wahrnehmung und Sichtweise, welche mich gut durch das Leben trägt. Durch diese Erkenntnis begann ich die Menschen in zwei Kategorien einzuteilen. In die erste Kategorie kamen die Wohlfühlmenschen. Dazu gehören all jene, bei denen wir auftanken können, Trost und Unterstützung finden und Geborgenheit erleben. Diese Menschen brauchen wir, um im Leben Kraft und Halt zu spüren. In die zweite Kategorie fallen unsere Lehrmeister – um sie liebevoll zu bezeichnen. Das sind all jene Menschen und Situationen, die uns das Leben auf den ersten Blick schwer machen; an denen wir gerade dadurch wachsen, lernen und uns entwickeln können. *Lehrmeistermenschen* haben meistens andere Grundhaltungen und andere Blickwinkel auf die Welt. Häufig - vor allem, wenn wir es nicht verstehen, mit ihnen umzugehen - leiden wir unter solchen Menschen und versuchen sie zu meiden, wo es nur geht. Wenn du magst, kann ich dir auch dazu eine Geschichte erzählen. Sie handelt von einer jungen Sekretärin, die mich in meiner Praxis aufsuchte.

> Bitte darum, Ida, denn durch diese Beispiele kann ich mir immer am meisten herausholen.

Diese junge Dame litt sehr unter den Eskapaden ihres Chefs. Er war ein Choleriker der Sonderklasse, wusste stets alles besser und tat lautstark seine Meinung kund. Als sie zu mir kam, war sie außerstande diese Vorkommnisse ruhig zu erzählen. Ihre Hände zitterten gleich ihrer Stimme und ich versuchte sie zu beruhigen, um gemeinsam mit ihr diese Situation bewältigbar zu machen.

> Kurze Zwischenfrage: Sie beruhigst du und andere provozierst du, Ida. Das versteh ich nicht ganz.

Das lenkt zwar von unserem Thema ab, ist aber einfach erklärbar, lieber Gotthard. Wenn du eine Suppe auf den Herd stellst, mit den besten und frischesten Zutaten und dabei den Ofen nicht aufdrehst, kannst du tagelang warten, trotzdem wird es keine feinschmeckende Suppe werden. Kocht hingegen die

Suppe über und über, weil du permanent auf höchste Stufe eingestellt hast, wird es auch keine gelungene Suppe werden. So ähnlich ist es auch bei den Menschen. Um eine wirkliche Veränderung herbeizuführen, braucht es den richtigen Grad der emotionalen Beteiligung. Das bedeutet weder ein Zuviel noch ein Zuwenig. Deshalb gehe ich manchmal in die Provokation und manchmal in das Beruhigen.

Glaubst du, ich werde das jemals unterscheiden können, Ida?

Sei beruhigt, mein Freund, das kannst du ganz sicher. Du weißt jetzt schon gut zu unterscheiden, welche Themen wann dran sind. Je mehr du dich auf dein Gegenüber einlässt, desto schneller wirst du erfassen, was es braucht. Jetzt allerdings wieder zurück zu unserer jungen Mutter und Sekretärin. Nach Abklären ihrer Situation erzählte ich ihr das Gleichnis vom Bodybuilder. Bei einem Bodybuilder entwickelt sich der Muskelaufbau, indem der Muskel auf Widerstand trifft und nicht, weil er harmonisch und entspannt ruht. Ich gebe zu, der Vergleich hinkt ein wenig, dennoch macht er plastisch sichtbar, worum es geht. Angenommen, wir vergleichen unsere Seele mit einem Muskel, dann braucht auch unser Seelenmuskel ab und zu eine richtige Portion Training, Widerstand und Wiederholung, um sich voll entfalten und entwickeln zu können. Nachdem sie angab, das zu verstehen, sagte ich ihr, dass sie ab jetzt jeden Menschen, der ihr nicht so wohlgesonnen war, als Fitnessgerät, genauer gesagt als Seelenfitnessgerät sehen könne, an dem sie sich entwickeln kann. Damit sind wir wieder bei der zweiten Kategorie: Unsere Lehrmeister.

Wir mussten dann beide schmunzeln, als ich ihr erzählte, dass sie einen großen Vorteil habe, da ihr Seelenfitnessgerät – in Form ihres Chefs – sogar zu ihr kam und sie zum Trainieren nicht einmal das Büro verlassen müsse. Nach einer kurzen Nachdenkpause fragte sie verlegen: *„Und was soll und kann ich jetzt an ihm trainieren?"* „Ihre Eigenverantwortung!", kam spontan aus meinem Mund! Eigenverantwortung kann man im Grunde fast nur an solchen Menschen trainieren, denn bei all den anderen brauchen wir sie kaum! Erwartungsvoll blickte sie mich an. „Ab morgen können Sie bereits mit Ihrem Training beginnen, indem Sie sich jedes Mal, wenn Ihr Chef in seinem cholerischen Anfall herumschreit, eine Frage stellen: *„Wie kann ich es mir in deiner Anwesenheit - obwohl du so unkontrolliert tobst - TROTZDEM gut gehen lassen?"* Beim Verabschieden versicherte sie mir, sich zumindest auf den Versuch des Seelenbodybuildings einzulassen. Eine knappe Woche später rief sie mich an, um mir folgendes mitzuteilen: *„Sie können sich gar nicht vorstellen, was passiert ist. Es geht mir von Tag zu Tag besser und ich beginne wieder richtig lebendig zu werden!"* Als ich endlich die Gelegenheit hatte nachzufragen, wie sie das wohl jetzt genau gemacht hat, entgegnete sie mir humorvoll und sicher: *„Ich hab tatsächlich immer wieder die Frage gestellt und ganz witzige Antworten aus mir selbst heraus, erhalten. Einmal kam: Ich kann ruhig atmen. Umso lauter du im Außen bist, umso ruhiger darf es in mir werden! Dann kam mir der Gedanke, dass ich ihn ja nur für ein paar Stunden täglich aushalten müsse, er sich selbst allerdings vierundzwanzig Stunden am Tag! Das brachte mich fast zum Schmunzeln und machte es mir weit erträglicher. Heute weiß ich, dass es eine gesunde Grenze zwischen dem anderen Menschen und mir gibt und ich den Launen meines Vis-a-vis´ nicht ausgeliefert bin!"* Ich kam kaum aus dem Staunen heraus, was diese junge

Frau aus sich machte. Obwohl ich nicht weiß, ob das immer so leicht und einfach umzusetzen ist, wie in diesem Fall, bin ich mir der Kraft der Eigenverantwortung durchaus sehr bewusst, Gotthard. Erinnere dich: Frankl sagt sinngemäß, dass es so etwas wie Schicksal gibt, aber durch uns selbst alles zu einem *Machsal* werden kann. Viele Dinge werden uns geschickt, die – zumindest im Moment – unveränderbar scheinen. Trotzdem haben wir immer die Möglichkeit, darauf zu reagieren. Oder anders ausgedrückt: Auf das zu antworten, was uns das Leben fragt!

> Heute ist eine eigenartige Mischung in mir spürbar, Ida. Einerseits bin ich so gefangen in deinen packenden Erzählungen und hab noch immer so viele Fragen an dich und andererseits spüre ich Müdigkeit und geistige Erschöpfung in mir auftauchen. Gibt es so etwas überhaupt, Ida?

Was? Geistige Erschöpfung?

Natürlich gibt es das, Gotthard. Das passiert, wenn wir zu viel falsche Information aufnehmen oder zu viele der gleichen Art. Dann überfordern wir unser Gehirn, oder genauer gesagt unser Ultrakurzzeitgedächtnis, das nur in etwa sieben artgleiche Informationen aufnehmen kann.

> Ok. Langsam, bitte!

Ganz vereinfacht kannst du dir dein Gedächtnis in drei Stufen vorstellen. Ultrakurzzeitgedächtnis, das ist quasi die erste Merkstation, welche eine Information, die wir aufnehmen oder lernen möchten, durchlaufen muss. Leider passieren hier schon die gröbsten Lernfehler, weil wir zu schnell zu viel Detailwissen aufnehmen wollen und somit diesen Gedächtnisabschnitt bereits heillos überfordern. Bildlich ausgedrückt, kannst du dir dieses Ultrakurzzeitgedächtnis aus lauter kleinen Ladeneinheiten vorstellen. Boxen, in denen ca. sieben Sachen Platz haben. Packen wir weit mehr hinein, als diese Lade fassen kann, fällt es auf der anderen Seite wieder hinaus. Leider konnte in dieser Geschwindigkeit nicht die automatische Entleerung aktiviert werden. Dieser Vorgang würde tatsächlich ganz von alleine erfolgen, würden wir uns die dazu notwendige Zeit geben. Erst dadurch kann der Bote den Inhalt diverser Speicherbehälter weiter ins Zwischen- oder Kurzzeitgedächtnis bringen. Natürlich nur sinnbildlich gesprochen, Gotthard.

> Ich mag deine einfachen Bilder sehr, Ida. Die helfen mir, all das besser zu verstehen, was da in dieser grauen Masse zwischen meinen Ohren abgeht.

Das kann ich gut verstehen. Tatsächlich ist diese weitere Speicherung ins Kurzzeitgedächtnis ein hochkomplexer Vorgang in unserem Gehirn. Trotzdem kann uns dieser Vergleich helfen, gehirngerechter zu lernen. Im Ultrakurzzeitgedächtnis gibt es allerdings sehr, sehr viele unterschiedliche Boxen, sodass du viele Dinge unterschiedlicher Art gut aufnehmen und lernen kannst. Als Grundregel gilt: Je unterschiedlicher die Lerninhalte, desto weniger Überforderung für unser Ultrakurzzeitgedächtnis. Geben wir unserem Gehirn jetzt genügend Zeit zum Verarbeiten und Verknüpfen der neu aufgenommenen Dinge, können im Kurzzeitgedächtnis diese Informationen gut verwertet und durch Wiederholungen ins Langzeitgedächtnis gebracht werden. Dort angelangt, stehen sie uns dauerhaft zur

Verfügung. Das heißt, mit einer Einschränkung: Verwenden oder nutzen wir eine Information nicht mehr, wird sie immer weiter nach hinten verschoben, bis sie eines Tages komplett verschwunden ist. Unser Gedächtnis speichert ganz simpel nach Nutzung. Informationen, welche wir häufiger verwenden, bleiben oben auf und ungenütztes Wissen wird nach hinten verschoben. Außer – und das ist zugleich eine List, um weit schneller und effizienter lernen und Informationen erfassen zu können – sie ist mit Emotionen, die uns unter die Haut gehen, angereichert, wie der Hirnforscher Gerald Hüther, meint.

Ich glaube, das kenne ich von meiner Oma. Als alte Frau hat sie oft Kinderlieder gesummt.

Ja, Gotthard, denn solche Eindrücke bleiben immer gespeichert. Daher ist es so wichtig, sich in den neuen Lerninhalt hinein zu fühlen. Jede emotionale Beteiligung erhöht nicht nur meine Informationsaufnahme, sie verkürzt auch ungemein diesen Denkweg bei einem weit höheren Behaltegrad. Daher lernen Kinder so unglaublich exzellent. Sie reichern jede Information automatisch mit Gefühlen und all ihren Sinnen an. Sie lachen, weinen und lassen sich von der Welt berühren. Wenn wir Kinder beim Sprachenlernen beobachten, können wir sehen, wie sehr sie über die Emotion die Bedeutung von Worten verstehen und zuordnen lernen. Das hat mit unserem Vokabelpauken in der Schule so überhaupt nichts gemein. Exzellente Lehrer wissen das und beschreiten da einen ganz anderen Weg, allerdings macht ihnen unser Schulsystem diesen Weg nicht wirklich leicht. Aber das wär eine andere Geschichte. Zum Thema Lernen kann ich dir noch etwas erzählen, Gotthard, wenn du magst.

Unbedingt, Ida! Weißt du, was das Beste ist, dass ich manchmal – während ich dir zuhöre – wirklich am Limit des Erfassens bin und dann beginnst du ein ganz anderes Thema und plötzlich bin ich frisch und aufmerksam und von Müdigkeit keine Spur. So nämlich geht's mir jetzt.

Kapitel 4 3/4

„Wozu die Urfähigkeit Lernen tatsächlich dient"

„Der Mensch soll lernen – nur Ochsen büffeln."

ERICH KÄSTNER

Möglicherweise hat das genau mit dem zu tun, worüber wir eben geplaudert haben.

Ah, ok, ich hab verstanden, Ida.

Abraham Maslow, ein amerikanischer Psychologe, den du vielleicht aufgrund seiner *Bedürfnispyramide* kennst, hat sich neben den Lebensmotivatoren und der Ethik in der Humanistischen Psychologie sehr mit dem Thema Lernen beschäftigt. Was er damals herausgefunden hat, bildet heute noch die Basis des Lernens, wobei die moderne Hirnforschung natürlich ergänzend wirksam werden konnte, aber immer noch auf dieses Basismodell aufbauend. Maslow entdeckte das 4-Stufen-Modell des Lernens. Das heißt, jedes Lernen, egal, ob es sich um eine neue Fähigkeit handelt, die ich entwickeln möchte oder um einen neuen Lerninhalt, durchläuft dieses 4-Stufen-Modell. Die unterste Stufe nannte Maslow *Unbewusste Inkompetenz*. Das bedeutet, dass es etwas gibt, was ich nicht weiß (=eine Inkompetenz in diesem Bereich habe) und mir das gar nicht bewusst ist (=unbewusst). Bevor es jetzt noch komplizierter wird, Gotthard, möchte ich dir das anhand eines Beispiels erklären.

Stell dir vor, es gibt einen Stamm in Afrika, deren Einwohner noch niemals in ihrem Leben ein Auto gesehen haben. Das wäre die erste Lernstufe, nämlich die Unbewusste Inkompetenz. Weißt du, es gibt so Vieles, was wir nicht wissen oder wie Maslow es ausdrücken würde, in der Unbewussten Inkompetenz haben, was uns weiter nicht stört.

... solange keiner daher kommt und uns darauf aufmerksam macht, oder?

Genau so, Gotthard. Damit kommen wir gleich auf die zweite Lernstufe, der *Bewussten Inkompetenz*. Um wieder an unser Beispiel anzuknüpfen. Das wäre, wenn du mit deinem Auto zu diesem Stamm fahren und ihnen mitteilen würdest, dass wir dieses Gefährt mit den vier Rädern Auto nennen. Und jetzt, lieber Gotthard, sagen deine afrikanischen Freunde zu dir, ob du ihnen das Autofahren beibringen könntest. Machst du das, klettern sie – nach dem 4-Stufen-Modell - auf die dritte Lernstufe, der *Bewussten Kompetenz*. In dieser Phase, wo es um das bewusste Aneignen von Fertigkeiten geht, agieren wir am Rande der Überforderung.

> Wenn ich dir so zuhöre, kommen mir gleich meine ersten Fahrstunden in den Sinn. Ich sag dir ehrlich, ich dachte mir damals: „Das lerne ich nie!"

Glaub mir, Gotthard, das hast nicht nur du so erlebt! Üben wir fleißig und jetzt weißt du, warum ich vorher beim Lernen die Wiederholungen und die Emotionen ansprach, kommen wir auf die vierte und letzte Lernstufe, der *Unbewussten Kompetenz*. Das ist die Phase, in der wir über das bereits Gelernte gar nicht mehr nachdenken. Wir wenden es einfach an, als wär es das

Normalste auf der ganzen Welt. Auf unser afrikanisches Autobeispiel umgelegt, würde das bedeuten, dass sich Menschen einfach ins Auto setzen und fahren. Mit den Gedanken weit weg, manchmal sogar viel zu weit. Die Fähigkeit ist automatisiert.

> Das finde ich ja spannend, Ida! Ich kenne das von mir. Manchmal bin ich so gedankenversunken, dass ich nicht einmal weiß, wie ich die letzten zwanzig Kilometer geschafft habe.

Ich kenne das auch von mir, Gotthard. Erst, wenn etwas Unvorhergesehenes auftaucht, sind wir wieder mit dem bewussten Verstand dabei. Diese vier Lernstufen durchlaufen wir immer, sobald wir etwas Neues dazulernen. Allerdings liegt zwischen der zweiten und der dritten Phase, oder mit Maslows Worten ausgedrückt: zwischen der Bewussten Inkompetenz und der Bewussten Kompetenz, eine Zwischenphase, welche uns die moderne Hirnforschung erschloss. In diesem Lernabschnitt wird intensivst in unserem Gehirn gebaut. Altes wird mit Neuem verknüpft. Assoziationen werden hergestellt und neue Verbindungen gebahnt. Deshalb wird diese Phase auch liebevoll Optimale Verwirrung genannt. Einige Hirnforscher vergleichen diesen Vorgang mit dem Straßenbau. Wir erfahren etwas, das unser Interesse weckt, das heißt, ein schmaler Pfad wird gebildet. Während jetzt gelernt oder anders gesagt, gebaut wird, ist manchmal eine Totalsperre erforderlich. Da geht gar nichts mehr. Zumindest hat es den Anschein für uns. Im Gehirn selbst wird zwar ganz eifrig getan, aber wir bekommen nur Umleitungen mit, die noch zeitverzögender sind als der schmale Weg. Da konnte man wenigstens noch irgendwie durch.

Das ist mir so passiert, als ich beschlossen hatte, einen Profitrainer zu engagieren, um mein Tennis zu verbessern. Vorher traf ich wenigstens noch irgendwie den Ball. In den ersten Trainingseinheiten, wo er mich auf dies und jenes aufmerksam machte, ging plötzlich gar nichts mehr. Da find ich mich sehr wieder.

Ich weiß gar nicht, wo ich anfangen soll, aufzuzählen. Und vor allem, wie viel ich wieder aufgegeben habe, weil ich mir dachte, dass ich es niemals erlernen könne! Wenn ich ehrlich bin, Gotthard, muss ich dir sagen, dass dieses Wissen der wahre Grund ist, warum ich heute hier so vor dir als Beraterin sitzen kann und nicht verzweifelt hinter meinem Schreibtisch mein Dasein friste. Wenn Büroarbeit einen Menschen erfüllt: Super! Nur zu mir hat sie nicht gepasst. Ich für meinen Teil hab sie nur ausgeführt, weil ich mir nichts anderes zutraute! Seit ich um diese vier Lernstufen, vor allem um den Zwischenstep der *Optimalen Verwirrung* weiß, gehe ich ganz anders mit mir um. Wenn ich da zurückdenke: Du meine Güte, was hab ich nicht alles begonnen, um in dieser Phase aufzugeben und zu scheitern… Bei allem, was du je vor hast zu lernen, mein Freund, nimm dir die Erkenntnis mit, dass dieser Abschnitt einfach dazugehört. Auch, wenn du diese Phase nicht wegmachen oder ausschließen kannst, hast du es selbst in der Hand, wie lange sie dauert. Durch Beschimpfungen und Sich-kleiner-machen, dehnt sich dieser Lernbereich unnötig aus. Gehst du hingegen liebevoll und achtsam mit dir um, indem du dir zum Beispiel sagst: *„Ich verstehe das jetzt noch nicht, aber das darf auch so sein und dazugehören!"*, geht diese Phase recht rasch vorbei.

Ich persönlich halte das für einen der Hauptgründe, warum Menschen in unserer Zeit so viel Angst vor Veränderung haben und sie um jeden Preis verhindern möchten. Jede Veränderung bedeutet, etwas Neues zu lernen. Sei das jetzt, um mit einer Situation zurechtzukommen oder mit den zukünftigen Herausforderungen gut umgehen zu können.

Warum meinst du das?

Um das gut zu verstehen, blicken wir kurz hinter einen solchen Veränderungsprozess. Dabei sind zwei zentrale Kräfte am Wirken. Der erste Faktor ist unser Urprinzip: Schmerzvermeidung und Lusterhöhung. Das bedeutet, dass wir von Natur aus so angelegt sind, dass wir Schmerz vermeiden und Lust fördern wollen. Veränderung bedeutet demnach immer auch Schmerz, den wir nicht spüren möchten. Die Veränderung zwingt uns, ein neues Gebiet zu betreten, das wir nicht kennen, wo Gefahren lauern und Verausgabung drohen könnten. Wir lieben unsere Komfortzone einfach sehr. Zugleich meldet sich unser Lustsystem, das alles daran setzt, den alten, vertrauten Zustand wieder herzustellen. Dieser Mechanismus spielt auch bei der Suchtentwöhnung eine große Rolle.

Die zweite Wirkungskraft erzeugt das, worüber wir jetzt gesprochen haben, Gotthard. Wie so oft, liegt der Umgang im Erwachsenenalter bereits in den Erfahrungen der Kindheit. Diese vier Lernstufen durchlaufen wir natürlich auch in der Schule. Viele, viele Male am Tag. Macht uns niemand darauf aufmerksam, dass diese Phasen beim Lernen normal und wichtig sind, beginnt sich ein verhängnisvolles Verhalten einzuschleichen, dessen Auswirkungen wir als erwachsener Mensch noch immer spüren. Wir merken als Kind, dass wir das eben Gehörte oder Gelesene nicht gleich verstehen, trauen uns aber nicht, diese Unsicherheit zu zeigen. Aus dem Irrglauben, dass es die anderen Mitschüler sicher verstünden, werden wir unsicher und beginnen zu kompensieren. Oder anders gesagt: Wir machen auf coole und lächelnde Fassade. Im Inneren allerdings fühlen wir uns klein und hilflos. Um darüber hinwegzukommen, zapfen wir unseren Vorschuss an Selbstbewusstsein, den wir als Kleinkinder in einem halbwegs gesunden Umfeld mitbekommen haben, an. Leider hält diese Mitgift auch nicht ewig, sodass wir gerade in der Pubertät am absoluten Tiefpunkt unseres Selbstbewusstseins angelangt sind. Und das manchmal nur, weil uns niemand sagt, dass diese *Optimale Verwirrung* und die zwei Lernstufen davor und danach, einfach zum Lernen dazugehören! Oftmals, Gotthard, wenn ich so alleine vor mich hindenke, kommt mir die Frage in den Sinn, was anders wäre, würden unsere Kinder von Anfang an diese wichtige Information aus dem Mund ihres Lehrers oder Erziehers hören?

> Vermutlich hätten sie als Erwachsener keine so große Angst vor Veränderung und vielleicht würden sie anders mit ihren Mitmenschen umgehen, wenn die etwas nicht gleich verstehen. Jetzt kann ich endlich eine Studie deuten, die ich vor einiger Zeit in der Zeitung las, Ida. Darin stand, dass von hundert erwachsenen Menschen beim ersten Fehlversuch schon an die fünfzig aufgeben. Wenn sich beim zweiten Versuch wieder nicht das gewünschte Ergebnis einstellt, bleiben hingegen nur mehr drei Prozent der ursprünglich hundert übrig, die weitermachen und sich nicht dauernd selbst anzweifeln.

Das kann ich mir sehr gut vorstellen. Schau dich doch mal um. Wie viele beginnen etwas Neues, um es dann gleich wieder zu beenden. Dass es so etwas wie ein gesundes Scheitern gibt, wissen sie nicht. Etwas nicht gleich verstehen zu können, bedeutet

Scheitern. Etwas nicht gleich beherrschen zu können, ebenfalls. Also: Scheitern ist gleich Scheitern und das ist schlecht. Punkt. Im Unterschied zu Kindern verfügen Erwachsene über weit bessere Argumente mit denen sich dieses Aufgeben gut erklären und rechtfertigen lässt. *„Dafür bin ich zu alt! Zu wenig Zeit! Zu große Familie! Zu viel Stress in der Arbeit! …"*

> Wenn ich morgen in der Arbeit meinem jungen Kollegen begegne und sehe, wie sehr er sich mit all den neuen Dingen herumplagt, möchte ich ihm das gerne erklären, was hältst du davon, Ida?

Was soll ich dir sagen: Großartig, Gotthard!

> Apropos Arbeit. Ich hätte da noch eine Frage an dich: Wie kommt es, dass ich mich selbst manchmal ganz anders einschätze, als meine Kollegen das tun? Kannst du mir dazu etwas sagen?

Du meinst *Selbstbild* – *Fremdbild* und warum das oftmals auseinanderklafft?

> So gesehen, ja, Ida.

Wir kommen gleich zu deiner Frage. Nur noch ein paar Worte zum Thema Entwicklung, Wachstum und Lernen. Wir beschreiben in unserer Sprache mit lediglich einem Begriff eine ganze Reihe unterschiedlichster Bedeutungen. Mit dem Wort *lernen* bezeichnen wir sowohl das bewusste Lernen (mit den 4 Lernstufen nach Maslow), als auch das unbewusste, das sture Auswendiglernen und vieles mehr. Obwohl ich mich mit dir über das unbewusste Lernen unterhalten möchte, erlaube mir trotzdem einen Satz zum Thema Auswendiglernen.

> Bitte, sag, denn für mich hatte diese Paukerei in der Schule so und so nie etwas mit Lernen zu tun.

Es hat damit auch gar nichts gemein, da hast du völlig recht. Nicht nur, dass es uns rasch überfordert und auslaugt, es stellt - für mich - sogar einen Missbrauch unseres exzellenten Gehirns und der Urfähigkeit *Lernen* dar. Man könnte es als ein reines Aufbewahren und Archivieren von Daten, Zahlen und Begriffen bezeichnen; im Gegensatz zum verstehenden, wirklichen Lernen. Hier geht es um etwas vollkommen anderes, nämlich ums Verknüpfen, Verstehen, Entwickeln, Wachsen, Wissen erweitern, u.v.m. Ich glaub, jetzt musst du mich einbremsen, sonst verliere ich mich noch in dieser Thematik, weil hier einiges in unserer Kultur nicht so läuft, wie ich mir das wünschen würde.

> Gut, dann mach bitte gleich weiter mit Selbstbild – Fremdbild und deren häufige Diskrepanz, obwohl deine impulsiven Ausflüge sehr interessant und auch amüsant klingen, meine Freundin.

Das löst tatsächlich eine sehr hohe emotionale Beteiligung in mir aus, Gotthard, weil hier schon mehr als genügend wissenschaftlich-fundierte Ansätze darüber existieren, wie Wissensvermittlung gehirngerecht und vor allem *menschengerecht* passieren könnte. Das wäre allerdings wirklich ein abendfüllendes Thema, mein Lieber, deshalb lass uns jetzt endlich auf das unbewusste Lernen hinschauen, weil diese Form die Grundlage unseres Selbst- und Fremdbildes bildet. Übrigens stellt dieses *unbewusste Lernen* auch die Hauptform des Lernens der frühen Kindheit dar. Bis zum sechsten Lebensjahr lernen Kinder meist unbewusst. Erst danach kommt auch das bewusste Lernen hinzu. Unbewusstes Lernen erfolgt über zwei Schienen. Zum einen über die Worte, die wir von unseren Mitmenschen, allen voran unseren Eltern und Erziehenden, hören und zum anderen über die Handlungen, die wir von den eben genannten sehen. Zusammen bilden diese beiden Faktoren (Worte und Handlungen) logischerweise 100 % unbewusstes Lernen. Über welche Schiene lernen wir mehr, Gotthard? Was glaubst du?

> Du stellst immer Fragen, Ida. Also gut, ich würde meinen: Fünfzig – fünfzig.

Verzeih, wenn ich jetzt schmunzeln muss, aber ich hab vor einigen Jahren ziemlich ähnlich geantwortet. Aus der modernen Hirnforschung wissen wir mittlerweile ziemlich genau, dass der Großteil auf die Ebene der Handlung fällt. Das heißt, Kinder orientieren sich zum überwiegenden Teil am Verhalten ihrer Erziehenden. Übrigens auch Erwachsene, wenn sie in hierarchischen Strukturen eingebettet sind. Das bedeutet, dass Führungskräfte sehr genau von ihren Mitarbeitern beobachtet werden. Manchmal geht hier leider eine Kluft auf. Vor allem dann, wenn aus dem Mund des Vorgesetzten etwas komplett anderes kommt als sich im Verhalten zeigt.

> Das kann ich mir gut vorstellen. Vor allem auch die Verwirrung, die dabei erzeugt wird.

> Nur, meine liebe Freundin, was hat das jetzt mit meinem Selbstbild zu tun?

Ganz einfach, Gotthard. Die Worte aus diversen Mündern unserer Erzieher hören wir bewusst. Damit identifizieren wir uns. Genau diese Worte wirken nach innen und kreieren somit ein immer deutlicher werdendes Bild von und über uns selbst. Die Handlungen, hingegen, imitieren wir, das heißt, wir ahmen sie unbewusst nach und verhalten uns in ähnlichen Situationen dementsprechend. Obwohl uns selbst dieses Verhalten meist gar nicht bewusst ist, zeigt es sich im Außen und bildet die Basis dessen, was andere Menschen von uns wahrnehmen können. Das bezeichnen wir dann als Fremdbild. Oftmals klafft das ziemlich auseinander. Vor allem dann, wenn wir ein zwiespältiges Verhalten unserer Eltern und Vorbilder erfuhren. Wie immer, Gotthard, einige Beispiele.

Ja, leg los, Ida!

Stell dir vor: Ein kleiner Junge wird von seinen Eltern angehalten zu lesen. Mit den wohlklingenden Worten: *„Lesen ist so wichtig; ohne Lesen geht gar nichts!"* wird versucht, ihn liebevoll an die Buchstabenwelt heranzuführen. Mit mehr oder weniger bescheidenem Erfolg. Leider kann er diese Aufforderung der Mutter in der Welt der Handlungen nicht wiederfinden, da die einzige Lektüre, die er bei seiner Mutter aufschnappen kann, das wöchentliche Fernsehprogramm ist!

Ich versteh schon, was du meinst, Ida!

Sehr häufig können solche Handlungen, welche wir als Kinder wahr- und aufnehmen, auch erst später wirksam werden. Vielleicht auch dazu ein Beispiel: Bekomme ich als Kind mit, dass sich mein Vater fürchterlich über andere Verkehrsteilnehmer im Straßenverkehr aufregt, speziell dann, wenn sie sich nicht so benehmen, wie er es gerne hätte, lerne ich das - natürlich vollkommen unbewusst - obwohl ich es als Kind nicht ausführe. Selbst wenn die bewusst gesprochenen Worte meines Vaters von Toleranz und Achtsamkeit gegenüber allen Mitmenschen bestimmt werden, orientiere ich mich – über das Imitationslernen – in solchen Situationen an seinem Verhalten. Zu gegebener Zeit, spätestens dann, wenn ich selbst Autofahrer und in einer adäquaten Situation bin, platzt diese *Zeitbombe*. Dann beginne ich zu schelten und mich aufzuregen, obwohl ich in meiner Innenwelt von mir selbst überzeugt bin, mich als tolerant und achtsam bezeichne und mich mit diesen Begrifflichkeiten voll identifiziere, weil ich sie immer wieder hörte.

> Jetzt wird mir so einiges klar, liebe Ida! Deine Erklärungen geben mir viel Aufschluss darüber, warum ich manchmal ganz anders in Feedbacks beschrieben werde, als ich mich sehe. Allmählich verstehe ich auch die Zusammenhänge und warum wir so ausführlich über unsere blinden Flecken und das Feedback gesprochen haben. Ich sehe mich, so wie ich glaube zu sein und die anderen sehen mich, wie ich tatsächlich bin. Das heißt, dass ich dieses unbewusste Handlungslernen, mit all seinen Ausprägungen und Verhaltensweisen ohne fremde Hilfe gar nicht aufdecken und verändern kann, oder?

Exakt, Gotthard!

> Ich glaub, ich werde nächste Woche ein paar Kollegen bitten, mir dieses Feedback nochmals zu geben und dann in medias res gehen, um meine Verhaltensweisen genauer unter die Lupe zu nehmen.

Sei aber nicht zu streng mit dir, mein Freund. Du weißt, Rom wurde nicht an einem Tag erbaut und du brauchst nicht dein gesamtes Leben in einer Woche umzukrempeln.

Wird gemacht, meine Liebe! Übrigens: Merkst du, wie aufmerksam ich bei dir bin und deinen Erklärungen folge? Irgendwie scheinst du mir durch deinen klaren Blick immer wieder Energie zu geben. Obwohl ich vorhin schon so richtig müde war, tauchen immer neue Fragen in mir auf, die ich dir noch gerne stellen möchte.

Ok, lieber Gotthard, dann einigen wir uns darauf, dass wir uns noch die Zeit für zwei Fragen nehmen wollen und die übrigen stellst du mir einfach bei unserem nächsten Treffen.

Abgemacht, Ida! Die erste Frage bezieht sich gleich auf dein angesprochenes Thema: Zeit nehmen. Ich weiß, wir haben schon sehr viel über Stress gesprochen, dennoch verstehe ich nicht, warum es Menschen gibt, die scheinbar immer und für alles Zeit haben und andere, die nicht einmal in Ruhe aufs WC gehen können. Kann man das irgendwie erklären?

Ich versuch es und dann schauen wir, ob dir die Antwort genügt. Um den Umgang mit der Zeit etwas besser verstehen zu können, tut es gut, das Thema Zeit grundsätzlich zu betrachten. Denn die Zeit selbst ist - für mein Dafürhalten – die gerechteste Ressourcenverteilung und somit das gerechteste Gut, das auf dieser Welt existiert. Ganz gleich ob du Präsident eines Landes bist oder Zeitungsausträger, jung oder alt, arm oder reich. Für jeden Menschen gibt es täglich immer wieder vierundzwanzig Stunden Zeitgeschenk bis an sein Lebensende. Die eigentliche Frage müsste daher lauten: *„Was ist mir wichtig?"*, oder anders gefragt: *„Wie und womit möchte ich diese vierundzwanzig Stunden ausfüllen?"* Die Antwort darauf liefert uns Hintergründe und Rückschlüsse auf unsere Werte.

Frage sucht Zeichen!

Du meinst, der Satz: Ich habe keine Zeit, stimmt so gar nicht?

Wenn du mich so direkt fragst, lieber Gotthard, würde ich sagen: Du hast recht! Der Satz kann so nicht stimmen. Würden wir Menschen ehrlich mit uns selbst und mit unseren Mitmenschen umgehen, müssten wir sagen: Dies oder jenes ist mir jetzt wichtiger, als mit dir zu sein! Nachdem diese Wahrheit oft weh tut, lagern wir die Verantwortung dafür aus und schieben sie einer Ressource zu, die mit den wahren Gründen oft gar nichts zu tun hat. Meine Lektion im Umgang mit der eigenen Verantwortung in Bezug auf Zeit und Werte lernte ich im Zuge einer Ausbildung. Beim Zuspätkommen zur Vorlesung bat uns der Professor zu sich, um uns eine Frage zu stellen: *„Was war dir wichtiger, als pünktlich hier zu sein?"* Eine komische gestammelte Ausrede, veranlasste ihn dazu, uns die Aufgabe zu geben, einen Essay darüber zu verfassen. Dadurch wurde uns rasch klar, dass wir dieses Ich habe keine Zeit tatsächlich oft als Ausrede benutzen, um sich nicht den wahren Gründen stellen zu müssen. Seitdem gehe ich anders mit dieser Ressource um und vor allem gestehe ich mir ein, dass mir einfach im Moment andere Dinge wichtiger sind. Aber, um auf deine Frage zurückzukommen, natürlich ist unser Zeitempfinden relativ. Oder noch deutlicher ausgedrückt: In Relation zu unserem inneren Empfinden stehend. Damit sind wir wieder beim Thema Stress, über das wir schon einige Male gesprochen haben. Unter Stress, wir wissen jetzt, dass dabei das Primärgefühl Angst im Spiel ist, verzerrt sich die Zeitwahrnehmung.

Danke für den fehlenden Link, Ida. Ich habe es verstanden. Danke sehr!

Gut, dann deine nächste Frage, mein Freund.

> Also, du hast schon mehrmals die Hirnforschung bzw. eine optimale Hirnnutzung angesprochen. Wie nutze ich denn mein Hirn optimal? Muss ich wirklich immer positiv denken? Wie denke ich richtig?

Mein lieber Gotthard, das sind aber jetzt mehr Fragen?!

> Ich weiß, Ida, dennoch tauchen sie immer zusammen auf.

Du bist mir einer... Nun gut, ich werde versuchen, sie zu deiner Zufriedenheit zu beantworten. Dann sagst du mir, ob zu diesem Thema für heute noch etwas offen ist.

> Abgemacht!

Schau her, wenn ich dir jetzt dieses Modell unseres Gehirns zeige, dann siehst du da vorne, hinter der Stirn und den Augenhöhlen ein Hirnareal, welches auch *Präfrontaler Kortex* genannt wird. Dieser Hirnbereich ist einer der wichtigsten überhaupt. Ganz grob gesagt, ist dieser Kortex auch Sitz von vier unerlässlichen Fertigkeiten, sofern wir im Leben gut bestehen wollen.

> Wenn ich dir so zuhöre, hab ich das Gefühl, ich hätte schon längst davon erfahren müssen.

Keine Sorge, Gotthard, ich bin mir sicher, dass du dieses Hirnareal täglich viele Male vollkommen unbewusst - und vermutlich sehr exzellent - benutzt, sonst wärst du heute nicht so unterwegs wie du es bist!

Das beruhigt mich, Ida, und zugleich steigt meine Spannung immer mehr.

Ich bin schon dabei, mein Lieber, nur Geduld! Die erste dieser vier Fertigkeiten ist die *Handlunsgplanung*. Noch deutlicher ausgedrückt: Die Fähigkeit, Handlungen planen und vorausschauend denken zu können. Dazu gehört, auch die Konsequenzen einer Handlung erfassen und abschätzen zu können. Die zweite Fähigkeit bezeichnet man als *Impulskontrolle*. Diese kommt immer dann zum Einsatz, wenn wir einen inneren Impuls verspüren, ohne ihn ausführen zu müssen. Dass wir, zum Beispiel, nicht zurückschimpfen müssen, obwohl wir angepöbelt werden. Diese Impulskontrolle erlaubt uns, andere – möglicherweise angemessenere - Verhaltensweisen vorzuziehen und uns selbst, bzw. unseren Impulsen nicht ausgeliefert zu sein.

Meiner Meinung nach trennt sich hier schon Spreu vom Weizen, Ida, da ich einige Menschen kenne, die ihre Impulse nicht immer unter Kontrolle haben.

Sprichst du jetzt von uns, lieber Gotthard?

Eigentlich nicht...na ja, manchmal passiert es mir auch.

Schau, solange es uns innerlich gut geht, haben wir auf diesen Hirnbereich sehr guten Zugriff und sind unseren Impulsen nicht ausgeliefert. Stehen wir aber unter Druck und sind innerlich angespannt, beschränkt sich unser Verhalten auf die darunter liegenden Bereiche unseres Gehirns, auf die alten und vertrauten Muster. Manchmal allerdings, unter massiven psychischen Belastungen, greift es sogar auf die ganz tiefliegenden Verhaltensweisen unseres Reptiliengehirns zurück.

Ah, du meinst Kampf oder Flucht?

Genau, Gotthard. Jetzt siehst du, wie wichtig es ist, gut für sich selbst zu sorgen...

...damit wir auf unser gesamtes Gehirn mit all seinen Verhaltensweisen zurückgreifen können, Ida.

Exakt! Dann lass uns gleich zur dritten Kompetenz in diesem Hirnareal kommen, der *Frustrationstoleranz*.

Wozu brauchen wir denn so etwas?

Ganz einfach gesagt, Gotthard, um mit Frustration jeglicher Art besser umgehen zu können. Misslingt uns ein Vorhaben, unterstützt uns diese Fähigkeit beim Aufstehen und Weitermachen. Sie hilft uns dabei, nicht gleich alles hinzuschmeißen und aufzugeben.

Okay, okay, diese Fähigkeit ist noch ausbaufähig, Ida!

Dein Humor tut gut. Durch dieses liebevolle und humoristische Hinschauen auf dich selbst geht Veränderung übrigens noch schneller und einfacher, weißt du das?

Bis dato noch nicht. Allerdings fällt mir dazu ein Zitat von Ernst Penzoldt ein: *„Humor ist die Fähigkeit, heiter zu bleiben, wenn es ernst wird."* Und genau da, wo ich mich vorher in Ernsthaftigkeit verbohrt hätte, drängt sich immer öfter dieser Humor an die Oberfläche.

Du beschreibst eben die schönste Art des Lernens, mein Freund, bewahre sie dir! Dann bleibt uns nur noch die vierte und letzte Fähigkeit des präfrontalen Kortexes. Diese ist zugleich eine der wichtigsten Fähigkeiten überhaupt: Die *Empathiefähigkeit*. Durch und mit dieser Fertigkeit sind wir in der Lage, uns in andere Menschen und sogar in unsere Umwelt, bestehend aus Tieren und Pflanzen, einzufühlen. Dieses Verhalten - gemeinsam mit unseren Spiegelneuronen - ermöglicht uns ein Verstehen trotz unterschiedlichster Prägungen und Erfahrungen. Noch deutlicher ausgedrückt: Diese Fähigkeit macht uns erst zu einem sozialen Wesen. Leider sehen wir auch was passiert, wenn Menschen nicht mehr über die volle Einsatzfähigkeit dieses präfrontalen Kortexes verfügen können. Bei Demenz, zum Beispiel, wo die Verbindung zu diesem Hirnareal gestört oder manchmal sogar komplett unterbrochen ist, fallen diese vier Fertigkeiten teilweise oder komplett weg. Die Auswirkungen sind bekannt und dem Umfeld dieser Menschen leider mehr als vertraut. Plötzlich werden zeitlebens hilfsbereite Menschen zu schimpfenden und scheltenden Wesen und durch mangelnde Einfühlung kann nicht einmal die Traurigkeit und oftmals auch die Kränkung eines Angehörigen gedeutet, geschweige denn nachempfunden werden. Ein schwer aushaltbarer Zustand. Aufklärung der Angehörigen des Betroffenen macht diesen Zustand etwas erträglicher.

> Das berührt mich jetzt sehr, Ida. Bei meiner Oma war das genauso wie du es beschreibst. Wie oft hat sich meine Mutter gekränkt, weil sie immer wieder von ihr beschimpft und verbal verletzt wurde. Durch deine Erklärung kann ich ihr Verhalten ein Stück besser begreifen.

Derzeit ist Demenz leider nicht oder noch nicht heilbar. Im Moment können wir sie nur hinauszögern und in unserem gesamten Leben danach trachten, den Zugriff auf dieses so wertvolle Hirnareal zu erhalten.

> Und wie?

Da würde ich gerne die Erkenntnisse des Neurobiologen Gerald Hüther ins Spiel bringen. Durch die Anwendung der drei großen *B´s* nutzen, fordern und fördern wir diesen Hirnbereich optimal. Das erste B steht für *Bewegung*. Wenn unser Körper bewegt wird, findet auch in unserem Gehirn eine Bewegung statt. Nachdem die gesamte Neurologie von unserer Zentrale aus gesteuert wird und jede Bewegung immer auch geistig vorbereitet und nachgebildet wird, entstehen viele Impulse im Gehirn. Das heißt, wir brauchen körperliche Bewegung, um den Alltag verarbeiten und Geschehnisse gut integrieren zu können. Bewegung hält also nicht nur den Körper fit, sie sorgt auch für geistige Fitness und gedankliche Beweglichkeit, Flexibilität genannt. Speziell bei Kindern sollte auf diesen Aspekt gut geachtet werden. Zumal der Großteil unseres Nachwuchses übers Begreifen begreift.

> Siehe meine Person, Ida! Übrigens dauert das bis heute an. Auch ich - als ein in die Jahre gekommener Jüngling – verstehe es so am besten.

In der Fachsprache würde man das als kinästhetitisches Lernen bezeichnen, wenn dich das interessiert.

> Durchaus. Zumindest klingt es kompetent, wenn ich mit diesem Begriff meine Informationsaufnahme erkläre.

Bevor wir uns jetzt beide im Überschwang der Wortwahl aufzulösen beginnen, gleich weiter zum zweiten B. Dahinter verbirgt sich die *Begegnung*. Der Mensch als soziales Wesen braucht Begegnung mit anderen Menschen. Paradoxerweise können wir über uns selbst am meisten lernen und erfahren, wenn wir uns auf eine Begegnung einlassen oder wie Martin Buber es formuliert hat: *„Das Ich entsteht am Du!"* Ohne das Du hört unsere Entwicklung auf und alles was dazugehört, wie z.B.: unsere Kreativität. Oder frei nach Fromm: Menschen in Einzelhaft - was letztlich auch den Wegfall von Beziehung und Begegnung bewirkt - droht der Selbstverlust. Gleich vorweg, lieber Gotthard, freiwillig gewähltes Alleinsein, das uns allen sehr gut tut, weil es uns die Möglichkeit zur Begegnung mit uns und dadurch zur Selbstreflexion bietet, ist damit nicht gemeint.

> Hast du nicht auch das Gefühl, dass dieses B in der heutigen Zeit sehr auf der Strecke bleibt?

Leider verliert sich der Beziehungsaspekt tatsächlich immer mehr, angetrieben durch gesellschaftliche Veränderungen und wirtschaftliche Zwänge. Eine Folge davon heißt Einsamkeit und die hat leider mit dem gesunden Alleinsein recht wenig gemein. Der schlimmste Feind der Begegnung, wenn ich es so überspitzt ausdrücken darf, lautet: Konkurrenzdenken und Wettbewerb.

> Was meinst du mit Konkurrenzdenken, Ida? Wenn ich einen Blick in unsere Wirtschaftsbetriebe mache, ist das doch bewusst gewählte Praxis, um die Mitarbeiter zu motivieren und zu noch mehr Leistung anzuspornen, oder irr ich mich?

Leider nein, damit triffst du voll ins Schwarze. Vermutlich wird uns jedoch erst in einigen Jahren der wirkliche Preis für derartiges Verhalten bewusst werden. Nicht nur, dass Eigenverantwortung und Kreativität auf der Strecke bleiben; diese Haltung lässt uns blindlinks in eine Welt der Abgrenzung und Isolation laufen. Vordergründig, oder besser gesagt, kurzfristig, geht diese Rechnung noch voll auf, weil wir damit Spezialisierung, oder wie ich es liebevoll nenne: *Fachidiotie* fördern. Das passiert ganz simpel, indem wirkliche Begegnung und Austausch zurückgehalten wird. Menschen grenzen sich ab, behalten ihr Fachwissen für sich und lassen niemanden an den weiteren Plänen teilhaben. Bitte verwechsle das jetzt nicht mit dem Schutz des Eigentums, wozu natürlich auch geistiges Eigentum zählt. Aber das, was wir im Business praktizieren, hat mit diesem gesunden Schutzverhalten so gar nichts mehr zu tun. Dabei würde es aus meiner Sicht nur zwei Dinge brauchen, um aus diesem Dilemma auszusteigen: Gesunder Umgang mit Konkurrenz und Wertschätzung vor dem Eigentum anderer Menschen. Das Wort Konkurrenz stammt aus dem Lateinischen *„concurrere"* und bedeutet so viel wie *zusammenlaufen*, um die Wette laufen. Würden wir uns auf unseren Weg besinnen, bräuchten wir doch mit niemandem um die Wette zu laufen?!

Dieses Verhalten scheint mir so paradox, findest du nicht auch, Gotthard?

So gesehen, ja, meine Freundin.

Mich bewegt dieses Thema so sehr, weil ich weiß, wie viel Gutes durch das Konkurrenzdenken bereits zerstört wurde. Bis zur Erschöpfung verausgaben sich Menschen, um dann zu erkennen, dass der Weg, auf dem sie so hart gekämpft hatten, gar nicht ihrer ist.

Leider erlebe ich das fast täglich in unserer Firma.

Vermutlich, weil eure Chefs aus verschiedensten Gründen, die wir jetzt nur mutmaßen können, keinen anderen Weg sehen. Möglicherweise, weil sie von der Konzernspitze darauf getrimmt werden, so zu agieren, oder es nicht anders gelernt haben oder einfach nicht besser wissen. Deshalb, mein Lieber, bin ich immer sehr dankbar, wenn sich Führungskräfte und Organisationen auf einen menschenwürdigen Weg einlassen. Wenn sie bereit sind, ein Umfeld zu schaffen, in dem die Mitarbeiter ihr Potenzial entfalten und leben können. Dieser Kulturwandel lässt sich nicht von heute auf morgen vollziehen, außerdem würde es unseren Gesprächsrahmen sprengen, aber, wie immer steht auch da das bewusste Hinschauen und Erkennen an erster Stelle. Würden wir unserem Weg, ganz gleich ob als Einzelperson oder als Unternehmen, treu bleiben, könnte uns jeder Mensch, der ähnlich unterwegs ist, als Orientierung und somit als Wachstumschance dienen. Herausragende Menschen können mir Halt und Richtung sein und die anderen stellen ohnedies keine Gefahr dar. Eher das Gegenteil, weil sie mich indirekt durch ihre Unprofessionalität weiterbringen und fördern. Sollte es dann noch gelingen, die Kampfsprache gehen zu lassen, um auch im Kopf von dieser Denkhaltung frei zu werden, könnte Arbeit wieder richtig erfüllend und bereichernd sein.

Eine kurze Zwischenfrage.

Gerne.

> Was verstehst du unter Kampfsprache?

Wenn wir Worte verwenden, die ursprünglich ein Kriegsgeschehen beschreiben. Sehr zum Leidwesen von uns Menschen, weil Sprache auch immer eine (Aus)Wirkung auf uns hat. Im Business gehören gewisse Ausdrücke schon fast zum Alltagston. Wir sprechen vom *Mitarbeiter an der Front* und meinen damit den Mitarbeiter, der am Markt agiert, oder vom *täglichen Arbeitskampf*, um nur einiges zu nennen.

> Du bringst mich auf eine Idee, Ida. Ich beginne morgen in meiner Firma damit Begriffe zu sammeln, die du unter Kampfsprache einordnen würdest und werde beim Mittagessen mit meinen Kollegen nach neuen und witzigen Alternativen suchen. Wie findest du das?

Grandios, Herr Kollege, mehr kann ich dazu gar nicht sagen, außer, dass ich mich schon sehr auf eure neuen Begrifflichkeiten und Worte freue! Das bringt mich gleich zu unserem dritten B, der *Begeisterung*. Solange wir uns die Fähigkeit bewahren, von etwas begeistert zu sein, sind wir lebendig und im Fluss. Erst dadurch können wir andere Menschen anstecken und sie wahrhaft motivieren. Oder richtigerweise gesagt, durch unsere eigene Begeisterung alles in ihnen erwecken, sich selbst zu motivieren, denn einen Menschen im Außen motivieren zu wollen, ist ohnedies kaum bis gar nicht möglich.

> Okay...

Weißt du, mir gefällt dieses Wort *Begeisterung* so gut, weil sich darin dieser Geist wiederfindet.

Wir könnten diesen Geist auch Spirit nennen. Das klingt noch kraftvoller für mich. Dieser Geist oder eben Spirit ist zugleich die Haltung unter der wir alles ausführen. Wenn meine Vorgesetzten – ich weiß, jetzt bin ich schon wieder in der Wirtschaftswelt gelandet, Gotthard – eine Begeisterungsfähigkeit für das Unternehmen und dessen Angestellten an den Tag legen, erzeugt dies eine Haltung, unter der wir gerne arbeiten und unsere Fähigkeiten einbringen möchten. Oder denk an die Schule und den Unterricht...

> Ich kann sehr genau nachvollziehen, was du meinst, Ida. Und wegen deiner Ausflüge in die Arbeitswelt: Das ist voll ok für mich, zumal ich ja täglich mindestens acht Stunden Lebenszeit dafür gebe.

Dein Begriff Lebenszeit macht es sehr deutlich, Gotthard, und bringt es exakt auf den Punkt. Alles ist Lebenszeit: Unsere Arbeit, unsere Hobbys, unsere Freizeit...

> ... und in allen Bereichen möchte ich diese Begeisterung erleben und spüren. Hier fällt mir dein Beispiel vom unbewussten Lernen ein; diese zwei Ebenen, bestehend aus Worten und Handlungen. Hat Begeisterung damit zu tun, Ida?

Ich verneige mich vor deinen Verknüpfungen und deiner Merkfähigkeit. Und um deine Frage zu beantworten, ja, es hat damit zu tun. Denn über und durch meine Handlungen wird diese Begeisterung sichtbar. Da helfen selbst die schönsten und wohlwollendsten Worte nichts, wenn ihnen diese Lebendigkeit - und dieser Spirit – dahinter fehlt. Erst unsere innere Begeisterung haucht ihnen Leben ein. Die Kinder der Begeisterung sind die kraftvollen Handlungen. Manchmal unperfekt und fehlerhaft... und dennoch – oder vielleicht gerade deshalb – ermutigend und ansteckend!

> Du weißt gar nicht, was du mit diesen drei B´s in und bei mir auslost, Ida.

Hoffentlich viel Anregendes und Gutes, Gotthard.

> Klar doch. Wie könnte es denn anders sein?

> In meiner Euphorie hätte ich doch beinahe meine letzte Frage für heute vergessen. Zum Glück hab ich sie mir vorhin notiert.

Lass hören, junger Mann.

> Gut, Ida. Du hast doch sicherlich auch schon sehr viel über das Positive Denken gehört. Könnte man sagen, dass das, was du lebst und erzählst, so etwas wie Positives Denken ist?

Ehrlicherweise wollte ich dir deine letzte Frage mit nur einem Satz beantworten, was mir angesichts dieser Frage unmöglich scheint. Dennoch bin ich sehr dankbar, dass du dieses Thema ansprichst, weil ich hier ohnedies sehr oft missverstanden werde. Beginnen wir – wie fast immer – mit den Begriffserklärungen.

Ich weiß, Ida, um es einfach werden zu lassen, braucht es oftmals zuerst Komplexität und das Verstehen um die Zusammenhänge.

Exzellent aufgepasst, mein Lieber. Also, Positives Denken, so wie wir allgemeinhin den Begriff mittlerweile verstehen, kommt ursprünglich aus Amerika, dem einstmaligen Land der unbegrenzten Möglichkeiten, was sich mittlerweile schon sehr verändert hat, aber das wär eine andere Geschichte, welche auch sehr polarisiert. Die einen verherrlichen es fast zu einer Religion, die anderen verteufeln es, weil es in ihren Augen alles noch schlimmer macht und den Hauch des Manipulativen in sich birgt.

Und du, Ida, wie siehst du das?

Sehr nüchtern und neutral, um es kurz zu sagen. Ich finde hierzu die Haltung von Martin Seligman, dem Begründer der Positiven Psychologie, die übrigens so gar nichts mit dem herkömmlichen positiven Denken zu tun hat, aber das kann ich dir später noch genauer erklären, sehr passend. Durch ihn hab ich gelernt, *relativ* zu denken. Das heißt, in Relation zu dem, was geschehen ist. Ist eine Sache bereits vorbei und halbwegs gut ausgegangen, bringt es rein gar nichts, sich auszumalen, was alles noch hätte passieren können. Hier macht es Sinn, positiv zu denken und mir innerlich zu sagen: *„Es war wie es war und was brauche ich jetzt, um weiter zu machen?"* Bahnt sich hingegen eine brenzlige Situation an, halte ich das negative Denken – im Sinne von: Mir vorzustellen, was alles passieren könnte - für angemessener und nützlicher.

Hast du dazu wieder ein Beispiel für mich, Ida?

Gerne! Stell dir vor, lieber Gotthard, du sitzt im Flugzeug und der Pilot sieht viele rote Warnlichter auf seinem Cockpit aufleuchten. Würdest du lieber im Flieger eines Piloten sitzen, der positiv denkt und sich sagt: *„Ach, wegen der paar roten Lichter...! Hab ich doch erst am Wochenende ein Seminar über positives Denken besucht und gelernt, mir vorzustellen, dass alles wunderbar gut geht."* Der Pilot erklärt anschließend im Fahrgastraum den Fluggästen, dass zwar ein paar rote Lichter leuchten, es aber keinen Grund zur Sorge gibt, da er bereits Meister im positiven Denken sei. Außerdem geht sicher alles gut, wenn sich auch die Passagiere am positiven Denken beteiligen. Denn gemeinsam positiv gedacht hat bekanntlich noch mehr Power!

    Jetzt hör auf, Ida, ich hab nämlich schon Bauchweh vor Lachen und deinem positiven Denken.

Nun gut und jetzt der andere Pilot, in dessen Cockpit auch rote Lichter aufleuchten. Er hat in Sekundenschnelle eine Vorstellung davon, was passiert, wenn er diese Signale missachtet und macht alles Notwendige, um einen sicheren Flug gewährleisten zu können. So, lieber Gotthard, jetzt hast du die Wahl: Mit wem würdest du lieber fliegen?

    Welche Frage, natürlich mit dem zweiten.

Verstehst du jetzt, was ich mit relativem Denken meine? Wenn ich meine eigenen roten Signale übersehe und sie mit positivem Denken zudecke, kann das verheerende Folgen haben.

    Ich glaub, deutlicher könnte man den Unterschied gar nicht erklären, Ida. Gilt nur noch herauszufinden, wann welches Denken dran ist.

Seligman sagt dazu: *„Stell dir die Frage nach dem Preis!"* In unserem ersten Beispiel ist der Preis für positives Denken viel zu hoch. Liegt hingegen etwas bereits in der Vergangenheit, ist der Preis für negatives Denken zu hoch. Mir persönlich hilft dieses Hinschauen sehr, um relativ - der Situation entsprechend - denken zu können.

> Das kann ich gut nachempfinden.

Noch einfacher wird es, wenn wir uns die Wortwurzel herholen. Das Wort *positiv* kommt vom lateinischen *positivus* und heißt korrekt übersetzt gesetzt oder gegeben. Eine zweite Bedeutung gibt es auch noch; ebenfalls aus dem Lateinischen stammend: *ponere*, was so viel wie *setzen, legen, stellen* bedeutet. Wir könnten sagen, ein echt positiv denkender Mensch ist ein Mensch, der einen Gedanken und eine Handlung bewusst wählt, setzt und platziert.

> Wow, das ist echt ganz etwas anderes...

Ich schulde dir noch eine kurze Erklärung zur Positiven Psychologie, mein Freund. Seligman entwickelte diese Form der Psychologie aufgrund eines Streitgespräches mit seiner Tochter. Herausgekommen ist dabei auch noch das Buch *„Pessimisten küsst man nicht"*. In der Positiven Psychologie geht man davon aus, dass es zwei Achsen gibt, die negative und die positive. Wenn du willst, kannst du dir beide Achsen als eine Skala von 0 – 10 vorstellen. Hätte ich jetzt ein schlimmes Erlebnis, würde ich es auf der negativen Skala eintragen. Zugleich gibt es aber noch die positive Achse – und das geht auf die Erkenntnisse und Pionierarbeit von Martin Seligman zurück – die parallel dazu gestärkt wird. Es geht also nicht nur darum, die dramatischen Ereignisse auf der negativen Achse gegen 0 zu bringen, sondern auch die Aspekte auf der positiven zu stärken. Obwohl dieses Hinschauen sehr simpel klingt, hat es vor ihm noch niemand so deutlich ausgedrückt.

> Haben wir denn nicht immer diese beiden Achsen mitlaufen, Ida?

Natürlich haben wir das, nur ist es uns oft nicht bewusst. Daher sollten wir uns auch mit den Faktoren beschäftigen, die uns auf der positiven Seite stärken, damit wir uns einen weichen Untergrund schaffen, der uns selbst dann gut aufkommen lässt, wenn es einmal härter wird. Unter anderem geht es dabei um die Fähigkeit dankbar zu sein, gute Beziehungen führen zu können, sich Ziele setzen und erreichen zu können, hoffen zu können und Wohlbefinden herstellen können, um nur ein paar Aspekte davon zu nennen. Der Begriff selbst wurde ursprünglich von Abraham Maslow im Jahr 1954 eingeführt, aber als eigene Schule wurde er von Martin Seligman begründet. Weißt du, dass Menschen so hinschauen, finde ich echt spannend.

> Außerdem macht es Sinn, meine Liebe, mehr kann ich dazu gar nicht sagen!

Weißt du was, Gotthard, ich glaub, für heute ist es wirklich genug! Du forderst mich sehr, junger Mann.

> Das macht mich ja richtig stolz, Ida! Da wächst meine Freude auf unser nächstes Treffen noch viel mehr...

Kapitel 5

„Seelengeflüster" oder Dem Leben begegnen

„Was nützt es dem Menschen, wenn er Lesen und Schreiben gelernt hat,
aber das Denken anderen überlässt?

ERNST R. HAUSCHKA

Herzlich Willkommen im Leben, lieber Gotthard. Du siehst blendend aus. Ich glaub, heut vertauschen wir einmal unsere Rollen, so dass ich dir Fragen stelle und gespannt auf deine Antworten warte.

> I am ready, Mrs. Ida! Wenn du mir nur zwei Fragen stellen könntest, welche würdest du mir stellen? Das würd mich jetzt wirklich brennend interessieren... sag schon.

Nun gut, die erste Frage, die ich an dich richten würde, wäre die Frage nach deiner Veränderung. Was in dir hat diesen unglaublichen Wandel und Veränderungsprozess ausgelöst, Gotthard?

> Soweit ich es greifen und ausdrücken kann, begann es damit, dass ich mir deine vielzitierte Eigenverantwortung mehrmals täglich bewusst machte. Konkret gesagt, stellte ich mich täglich dem Leben, so wie es sich bot und erinnerte mich an deinen Satz: „Alles, was passiert ist eine Art Frage, die das Leben an uns richtet und unsere Aufgabe ist es, mit all unserem Wissen und Können darauf zu antworten." Ich sag dir ehrlich, meine Freundin, das Leben stellte manchmal komische Fragen an mich. Dennoch probierte ich täglich aus meiner – mir sehr lieb gewordenen – Unperfektheit, darauf zu reagieren und das Beste aus allem zu machen. Nach dieser Eigenverantwortung erlernte ich eine neue Sprache.

Eine neue Sprache?

> Ja, du hast schon richtig verstanden, eine vollkommen neue – zumindest für mich. Ich lernte die Sprache meiner Seele und meines Körpers. Wenn ich früher Kopfweh

hatte, warf ich mir einfach eine Tablette ein und ärgerte mich sogar noch über meinen Brummschädel. Heute ist es anders. Ich achte auf diese Signale und frage in meinen Körper hinein, warum dieses Kopfweh jetzt da ist. Wenn der Kopfschmerz reden könnte, was würde er mir mitteilen wollen?

Schau nicht so verdutzt, Ida, ich weiß, das hört sich komisch an, dennoch hilft es mir, mich täglich besser zu achten und vor allem besser kennenzulernen.

Der einzige Grund - meines möglicherweise verdutzten Blickes – ist Staunen! Unglaublich, was du sagst. Und es klingt überhaupt nicht komisch, es ist sogar spitzenmäßig toll, was du da machst, Gotthard!

Hey, du überschlägst dich ja förmlich mit deiner Begeisterung?!

Kann man wohl sagen, mein Lieber!

Diese neue Sprache könnte man auch *Seelengeflüster* nennen, weil ich mir denke, dass die Seele so etwas wie die Grundstruktur in meinem Körper darstellt und sich über die körperliche Befindlichkeit ausdrückt. Durch das tägliche Seelengeflüster...

...diese Bezeichnung finde ich exzellent, Gotthard!

Danke. Also, dadurch hat eine neue Achtsamkeit mir selbst und in Folge dessen, meiner gesamten Umwelt gegenüber, begonnen. Das führt auch dazu, dass ich freundlicher zu den Menschen bin, die mir täglich begegnen. Weißt du was ich dabei herausfand? Wenn ich zu anderen Menschen liebevoll und freundlich bin, sind sie auch zu ihrem Umfeld netter.

Ja, Gotthard, da gibt es sogar eine ganze Menge an Untersuchungen darüber. Oprah Winfrey, diese exzellente amerikanische Talk-Show-Moderatorin, hat dieser besonderen Verhaltensweise sogar einen Namen gegeben. *Freundlichkeitenkette.* Das bedeutet, wenn mir heute etwas Schönes und Gutes widerfahren ist, bin ich automatisch netter und freundlicher zu meinen Kunden, Kollegen und Familienmitgliedern. In Untersuchungen konnte das noch deutlicher nachgewiesen werden. Eine will ich dir gerne erzählen, Gotthard. Folgender Versuch: Vor einer Telefonzelle wurden Münzen ausgestreut. In der Telefonzelle selbst war der Übungsleiter mit einem Stapel Bücher in der Hand. Nachdem zufällig vorüberkommende Passanten sich über den spontanen Münzenfund sehr freuten, verließ er mit seinem Bücherstoß die Telefonzelle, um sie *zufällig* vor den Augen der Probanden fallen zu lassen.

Wollte man damit die Hilfsbereitschaft testen?

Ja, wobei man ursprünglich den Unterschied in der Hilfsbereitschaft testen wollte. Denn diese variiert sehr. Je nachdem, ob es Menschen gut geht und sie sich glücklich fühlen oder das Gegenteil der Fall ist. Deshalb führte man die ganze Versuchsreihe mit und ohne zuvor ausgestreuten Münzen durch; mit einem mehr als deutlichen Ergebnis, Gotthard. Die Hilfsbereitschaft war um ein Vielfaches höher, je glücklicher die Probanden waren. Um es in einem Satz auszudrücken: Glück und Zufriedenheit bewirkt Hilfsbereitschaft und Verständnis. Im Übrigen hat das mit der Reziprozität zu tun, über die wir uns schon einmal unterhalten haben. Jetzt kannst du vielleicht verstehen, warum mich dieser entwürdigende und abschreckende Satz mancher Menschen oft richtiggehend zum Kochen bringt: *„Was kann denn ich, als einzelne Person, schon tun, bewirken und beitragen?"* Derzeit bevölkern rund sieben Milliarden Menschen unseren Planeten. Wie viel könnte sich schlagartig verändern, würde dieser Satz aus den Köpfen verschwinden??!!

> Nachdem ich es selbst erlebt hab, weiß ich mittlerweile sehr wohl um diesen Beitrag. Auch, wenn er manchmal nur klein ist, kann er doch Anstoß für ein großes Glück sein.

Aber ich hab dich unterbrochen, Gotthard, das tut mir leid. Wo waren wir stehengeblieben? Ach ja, bei der Achtsamkeit dir und anderen Menschen gegenüber und deren Folge.

> Genau. Jedenfalls erlebe ich zum ersten Mal so etwas wie im Fluss sein. Dabei fühl ich mich sehr getragen vom Leben. Ich durfte allerdings auch feststellen, dass der Fluss meines Lebens, der mich so gut trägt, nicht unbedingt der Fluss der Gesellschaft ist. So stark hab ich das früher nicht empfunden.

Möglicherweise ist das der Preis für deine Veränderung, mein Freund. Du nimmst dich und dein Umfeld ganz anders wahr und eckst dadurch auch manchmal an. Solange man mit der dicken, grauen Masse schwimmt, ist man zwar oft unglücklich, aber den anderen immer gleich! Dadurch hat es den Anschein, dass es völlig normal ist, sich ständig durchs Leben zu kämpfen und mit Problemen beschäftigt zu sein.

Wobei… was heißt schon normal?

Du weißt: der Norm entsprechend.

Wenn das so ist, möchte ich ab heute abnormal sein!

Mit dem Resultat, dass du dafür möglicherweise deine Bequemlichkeit dafür opfern musst, Gotthard. Schopenhauer hat uns dazu eine gute Denkhaltung und ein sehr treffendes Zitat anzubieten. Er meint, dass wir anderen Menschen durch unser eigenständiges Denken suspekt sind und sie uns deshalb lieber meiden, weil es befremdend auf sie wirkt. Seine Lösung dazu, ausgedrückt in seinen Worten, lautet: *„Denken wie die wenigsten und reden wie die meisten!"*

Du meinst, im Außen normal bleiben und im Inneren ich selbst?

Treffender könnte ich es gar nicht ausdrücken, mein Lieber! Mach dir bewusst, in deinem Kopf bist du immer frei! Du kannst denken, was immer und wie immer du willst. Dadurch bleibst du annehmbar und wirkst *normal*.

Das hört sich irgendwie witzig an, Ida.

Mag sein, vermutlich hat es aber weit mehr mit meiner eigenen Erfahrung zu tun. Als ich mir erlaubte, meinen eigenen Weg zu gehen, wollte ich alle Welt davon überzeugen, dass sie sich selbst Himmel und Hölle kreieren. Durch ihr eigenes Hinschauen und Denken geben sie den Geschehnissen erst Bedeutung. Am liebsten hätte ich Kants Zitat hinausgeschrien, damit es jeder hören konnte: *„Sapere aude!"*, was so viel bedeutet wie: *Wage es, weise zu sein.* Kants Übersetzung dazu lautet im Original: *„Habe Mut, dich deines eigenen Verstandes zu bedienen!"* Dann begriff ich, dass mir das nicht zusteht! Welche Anmaßung und Überheblichkeit mich da packte! *„Missionieren steht dir nicht zu!"*, rief mir ein Bekannter entgegen. Endlich begriff ich, worum es wirklich geht: Ich kann jemandem nur etwas anbieten - nicht mehr und nicht weniger! Wer sich selbst und sein Erlebtes zur Verfügung stellt, leistet gute Dienste. Kann es der andere (an)nehmen, ist es wunderbar. Gelingt es ihm nicht oder will er es nicht, aus für mich irrelevanten Gründen, ist es genauso in Ordnung.

> Vermutlich hast du auch mir dadurch das Lernen sehr erleichtert, Ida. Allmählich beginne ich zu verstehen, was wirkliche Größe bedeutet: Es liebevoll aushalten zu können und mit aller Zuwendung beim Du zu sein, OBWOHL ich es selbst ganz anders betrachte und darüber denke! Ihm nicht mein eigenes Hinschauen und Werten überstülpen zu müssen.

„Das Tao nährt, indem es nichts erzwingt. Der Meister führt, indem er über niemanden herrscht.", hinterlässt uns Laotse im Tao Te King. Und mit deiner Erkenntnis bist du am Weg der Weisheit unterwegs, mein Freund.

> Ich glaube, du lehrtest mich eben eine sehr wichtige Lektion.

Das weiß ich nicht, Gotthard. Ich erzähl dir einfach, wie ich es erlebt habe, als ich endlich in meinen Fluss des Lebens eintauchte.

Jetzt hab ich aber doch noch eine Frage an dich, Ida?

Zusatzfrage stattgegeben. Was brennt denn noch so auf deinen Lippen?

Hast du eigentlich gar keine Angst vor dem Tod? Seit ich mit meinem Leben irgendwie so gut klar komme, beschäftigen mich natürlich auch solche Themen.

Mittlerweile weißt du schon um meine Liebe zu Zitaten, weil sie uns oft sehr direkt helfen, die Essenz zu begreifen. Deshalb möchte ich meiner Antwort ein ebensolches Zitat voranstellen: *„Nicht den Tod sollte man fürchten, sondern, dass man nie gelebt hat."* MARC AUREL. Vielleicht erklärt das meine Haltung zum Thema Sterben und Tod.

Übrigens: meine Großtante, eine sehr weise Frau, pflegte immer zu sagen: *„Sterben ist nichts Furchtbares, sonst würden doch nicht auch die Guten sterben!"* Als Kind musste ich über ihren ganz eigenen Humor immer sehr schmunzeln. Was soll ich dir sagen, Gotthard: Die verschiedenen Religionen bieten uns Aussichten, wie es einmal sein wird. Ob eine davon zutrifft, wissen wir alle nicht. Dennoch hab ich die Hoffnung, dass es in irgendeiner Form weitergeht; gut weitergeht sogar! Wie auch immer diese Form aussehen mag. Ich halte für alle dieser Vorstellungen unseren Verstand für zu klein – so genial er auch ist. Mit einer kleinen Geschichte möchte ich diese Antwort abschließen, wenn das für dich passt.

Pränatales Zwillingsgespräch
(nach Henry Nouwen)

Zwilling 1: Sag mal, glaubst du eigentlich an ein Leben nach der Geburt?

Zwilling 2: Ja natürlich! Hier drinnen wachsen wir und werden groß und stark für das, was draußen kommen wird, an der frischen Luft.

Zwilling 1: Ich glaube, das hast du nur erfunden. Es kann kein Leben nach der Geburt geben – und wie soll denn frische Luft aussehen?

Zwilling 2: So genau weiß ich das auch nicht. Aber wir werden sicher das Licht sehen, und auf unseren Füßen gehen und mit unserem Mund leckere Sachen essen.

Zwilling 1: Schon wieder dieser esoterische Licht-Quatsch. Und herumlaufen mit diesen schwachen Beinen, wie soll das denn gehen? Außerdem ist die Nabelschnur viel zu kurz. Das geht gar nicht. Und übrigens die ernährt uns auch. Mit dem Mund essen ist echt eine abartige Idee.

Zwilling 2: Doch, das geht sicher. Es wird eben alles ein wenig anders sein.

Zwilling 1: Du träumst wohl. Es ist noch nie einer zurück gekommen von nach der Geburt. Mit der Geburt ist das Leben zu Ende – so ist es halt. Wir müssen diese Realität einfach zur Kenntnis nehmen.

Zwilling 2: Ich gebe ja zu, dass keiner genau weiß, wie das Leben nach der Geburt aussehen wird. Ich weiß jedoch sicher, dass wir Mutter und Vater begegnen werden und sie werden dann für uns sorgen.

Zwilling 1: Mutter und Vater? Glaubst du echt an Eltern? Wo sollen die denn wohl sein?

Zwilling 2: Ohne sie gäbe es uns gar nicht. Außerdem, Mutter ist ständig um uns herum – die ganze Zeit. Wir sind und leben in ihr, mit ihr und durch sie.

Zwilling 1: So ein Quatsch! Ich habe von einer Mutter noch nie etwas bemerkt, also kann es sie auch nicht geben. Punkt.

Zwilling 2: Doch, ab und zu, wenn wir ganz still sind, kann ich sie leise singen hören. Ich kann auch spüren, wenn sie unsere Welt von außen ganz zärtlich und liebevoll streichelt.

> Gib mir einen Moment, Ida, die Geschichte berührt mich sehr. Danke. Wenn ich so auf meinen Weg und meine Entwicklung zurückschau, fällt mir auf, dass meine Veränderung mit dem Verstehen begann. Trotzdem begriff ich rasch, dass die Haltung oder wie du es nennst *Geist* oder *Spirit* das eigentlich Entscheidende ist.

Gut gelernt, Herr Kollege!

> Tatsächlich entpuppt sich die beste Problemlösungstechnik und das genialste Werkzeug als nichtig, fehlt die ethische Achtung und Haltung dahinter.

Ein Werkzeug ist eben ein Werkzeug. Erinnerst du dich, Gotthard? Genau darüber haben wir bei unserem ersten Treffen gesprochen.

> Nein, ich weiß es leider nicht mehr, vermutlich konnte ich zu diesem Zeitpunkt noch nicht wirklich viel damit anfangen.

Macht nichts, mein Freund, ich durfte die Erfahrung machen, dass das, was wirklich Bedeutung für uns hat, ohnedies öfter kommt...

> ...bis wir es endlich checken, meinst du?!

Liebevoll ausgedrückt: Ja! Jedenfalls, ein Wort ist auch nur ein Werkzeug, um einander leichter zu begegnen. Stimmt die HAL-Tung, verändert sich automatisch das VerHALTen! Leider vergessen wir das nur allzu schnell in unserem Tun und legen zu große Aufmerksamkeit auf das Vordergründige.

> Und wie können wir uns denn diese achtsame Haltung im Alltag bewahren?

Aus meinem Dafürhalten kann die richtige Haltung in einem Wort ausgedrückt werden – in der Dankbarkeit. Denken und danken haben sprachlich gesehen, die gleichen Wurzeln.

> Gelebte Dankbarkeit hat tatsächlich viel mit denken zu tun. Seit du mir den Zugang zu mir selbst und zu dem größten Wunderwerk, dem Menschen, ein kleines Stück eröffnet hast, kann ich gar nicht mehr anders als dankbar zu sein. Wie unglaublich komplex unser Gehirn Informa-

tionen aufnimmt und speichert, wie exzellent das Zusammenspiel unserer Organe funktioniert und so weiter. Endlos könnte ich dir jetzt von meinem Staunen erzählen, das mit Denken begonnen und mit Dankbarkeit geendet hat.

Ja, ja, lieber Freund, leider hat diese Dankbarkeit einen schlimmen Feind: die Selbstverständlichkeit! Auch darüber haben wir schon gesprochen. Solange wir so tun, als sei all das, was du eben beschrieben hast, selbstverständlich, verlieren wir die Achtung vor dem Leben. Dadurch geht uns der Blick auf die Komplexität und zugleich auf das Wesentliche verloren. Wir maßen uns an, dass es so zu sein hat, wie wir uns das vorstellen. Eine Arbeitsstelle zu haben, gesund zu sein, Menschen um sich zu wissen, die uns lieben und nehmen, wie wir sind, obwohl sie uns kennen, ist ein Geschenk und nicht selbstverständlich! All das könnten wir weit mehr genießen, würden wir beginnen, darüber nachzudenken und wirklich hinzuschauen. Dann würde sich auch die Dankbarkeit von ganz alleine einstellen; als Resultat des bewussten Denkens. Wir könnten in unserer wirtschaftlich dominierten Zeit auch sagen: Dankbarkeit führt zum Erfolg. Erfolg ist etwas was erfolgt. Punkt. In unserem Fall ist die natürlichste Folge eines denkenden Menschen ein Leben in Dankbarkeit und Zufriedenheit. Für mich gibt es außerdem nichts Regulierenderes als echte Dankbarkeit. Wenn mich Frau Größus einholt, um mir zu suggerieren, dass ich die Überdrüberfrau bin und ich mir aufrichtig die Frage stelle, wofür ich dankbar sein kann, kommt mir unmittelbar in den Sinn, dass all das nicht selbstverständlich ist. Wenn es gut läuft, ist es ein Geschenk und könnte genauso anders sein. Diese Erkenntnis erfüllt mich dann mit großer Demut. Im umgekehrten Fall reguliert es genauso. Wenn ich glaube, das ärmste Wesen auf dem gesamten Erdball zu sein und mir aufrichtig die gleiche Frage stelle, wird mir bewusst, dass vieles unglaublich exzellent funktioniert. Manchmal so genial, dass ich es sogar übersehe. Kurz gesagt hilft mir diese Dankbarkeit immer dann, wenn ich Gefahr laufe abzuheben. Sie bringt mich wieder auf einen tragfähigen Boden zurück. Sollte ich mich in meiner Opferhaltung gefangen fühlen, hievt sie mich auf diesen tragfähigen Boden hinauf.

> Dir zuzuhören bewegt und berührt mich zugleich, meine Freundin. Woher nimmst du bloß deine Gelassenheit?

Möglicherweise ist sie auch ein Ergebnis dieser Demut. Das Leben und mein Umfeld so lassen zu können, wie es sich bietet, erzeugt automatisch Gelassenheit. Bin ich stattdessen ständig versucht, es zu ändern - im Sinne von: es mit der Brechstange anders haben zu wollen und nicht mehr im Fluss zu sein - kostet es mich viel, leider sinnlos vergeudete, Kraft. Nachdem ich vor vielen Jahren beschloss, dass es leicht gehen darf, entspricht mir dieser unnötige Kraftaufwand einfach nicht mehr!

> Wow! Echt toll!

So, mein Lieber, ich habe auch noch eine Frage offen. Was hast du jetzt mit all dem Wissen und deinen Erkenntnissen vor, Gotthard?

> Ich weiß schon, was du damit andeuten willst: Du kannst mir zwar den Weg weisen, aber gehen muss und darf ich ihn trotzdem selbst. Dazu würde ich auch gerne mit einem Zitat antworten: *„The quote oft the sense of life is to live!"*, was Watzlawick gut mit der Übersetzung weiter ausführte: *„Der Sinn des Lebens ist zu leben!"* Genau das hab ich

jetzt begriffen, Ida. Ich will meine erlernten und mir geschenkten Fähigkeiten, oder Talente, wie du es bezeichnest, zu meiner Freude und zum Wohle anderer einsetzen und mich dem Leben und all seinen Herausforderungen stellen; so gut ich es eben kann. In den Worten von Duke Ellington ausgedrückt: *„Probleme sind Gelegenheiten zu zeigen, was man kann."* Und wenn ich es alleine nicht schaffe, dann vertraue ich darauf, solchen Lehrern wie dir zu begegnen.

Irgendwie spüre ich, dass unsere Begegnung hier enden sollte, Gotthard. Es ist genau der richtige Zeitpunkt, um weiterzugehen. Du in deinem Leben und ich in meinem. Wenn es sein soll - wobei ich das sichere Gefühl habe, dass es sein wird – werden wir uns wieder treffen, weiterplaudern und uns austauschen.

Auf der einen Seite fällt es mir schwer, dich gehen zu lassen, Ida und auf der anderen Seite merke ich, dass es tatsächlich Zeit ist, alleine weiterzugehen. Sonst mache ich mich von dir und deinen Worten abhängig und das wär nicht gut...

Deshalb, lieber Freund, sage ich jetzt danke zu dir. Danke für dein Einlassen und dein Vertrauen in meine Person, obwohl du mich nicht gekannt hast. Danke für deine Ecken und Kanten, die ich immer wieder erleben und spüren durfte. Sie dienten mir als Reibefläche und halfen mir, mich weiter zu entwickeln und zu wachsen. Mit den Worten des Heiligen Augustinus möchte ich mich von dir verabschieden. Er gibt uns so etwas wie ein Lebensrezept mit, wenn du so magst. Augustinus sagt: „Wenn du nur einmal in deinem Leben betest und dieses eine Gebet nur aus einem Wort besteht, dann lebe so, dass es am Ende nur ein Danke braucht."

In diesem Sinne, lieber Gotthard, pass gut auf dich auf, mach es dir leicht und lebe!

Danke, meine große Freundin, denn jedes weitere Wort wär jetzt zu viel.

ENDE!

AUSLEITUNG

An dieser Stelle steht normalerweise immer die große Danksagung eines Autors. Um Sie, liebe Leserin/lieber Leser bzw. liebe Hörerin/lieber Hörer auf meine Normalität hinzuweisen, verhalte ich mich genauso.

Im Grunde weiß ich gar nicht, wo meine Dankbarkeit beginnen und wo sie enden sollte. Es gäbe hier so viel anzuführen und aufzuzählen, wem aller ich zu Dank verpflichtet bin. Von meinen Eltern bis hin zu Ihnen, geschätzte Leserin/geschätzter Leser. Daher möchte ich nur ein paar Menschen stellvertretend für so viele, herausnehmen und ein paar Worte dazu legen.

Mein größter Dank gilt den Menschen in meinem Umfeld. Dass sie mich tragen, ertragen und annehmen wie ich bin, mit all meinen Fehlern, Schwächen und Unzulänglichkeiten, berührt mich sehr. Wissen Sie, verehrte Leserin/verehrter Leser, mich als Familienmitglied und/oder als Freundin zu haben, ist nicht immer so leicht. Sehr oft glänze ich durch Abwesenheit, weil mich mein Beruf sehr einnimmt und fordert. Trotzdem die Geborgenheit von Familie, Beziehung und Freundschaft spüren und erleben zu dürfen, ist das kostbarste aller Geschenke. Es macht mich glücklich und demütig zugleich.

Deshalb gebührt allen voran der größte Dank meiner Familie und meinen zwei wunderbaren Kindern. Sie sind mir Kraftspender und Lehrmeister zugleich. Dann natürlich meinen Freunden und Weggefährten, die mich unterstützen und für mich da sind, die mich tragen und halten, wenn ich den Halt in mir verliere. Auch ohne euch direkt beim Namen zu nennen, wisst ihr hoffentlich genau, wen ich meine. Euch und euren unzähligen

Stunden des Zuhörens, Anstoßens, Aufmunterns, Bestärkens und Daseins durch persönliche Gespräche, Telefonate, SMS und Emails, hab ich es zu verdanken, dass ich so bin wie ich bin. Ganz ehrlich: ohne euch würde ich nicht sein (wollen)! Durch euer Sein und euren Beitrag wird mein Leben erst so richtig bunt und lebenswert. Danke dafür.

Ein ganz spezieller Dank gilt auch meinen Kolleginnen und Kollegen, Seminarteilnehmern und Vortragsbesuchern. Niemals hätte ich es gewagt, ein Buch zu schreiben bzw. zu sprechen – ich wär ja nicht einmal auf die Idee gekommen, so etwas zu tun! Durch euer Zureden und Anspornen ist dieses Werk entstanden. Ihr seht ja, was daraus geworden ist! Solltet ihr mit dem Resultat nicht zufrieden sein, überlegt euch in Zukunft besser, was ihr tut ☺!

Nein, Spaß beiseite: Durch eure aufbauenden, fordernden, motivierenden und inspirierenden Worte und Gespräche, habe ich den Mut gefasst, all das niederzuschreiben, was mir wichtig ist.

Ein afrikanisches Sprichwort sagt: *„Es braucht ein ganzes Dorf, um ein Kind großzuziehen."* Meiner Ansicht nach, braucht auch ein Buch ein ganzes Dorf oder zumindest ein halbes, um in Ihren Händen liegen zu können. Daher erlauben Sie mir, mich nochmals explizit bei meiner Familie für die wunderbaren Anregungen und Hintergrundgespräche zu bedanken; zusätzlich bei meinem Buchproduzenten, Andreas Hofer und Kathi Hofer für die Buchgestaltung. Den Lektoren, Mag. Julia Müller, Carmen Hackl und Christoph Hackl gilt ebenso mein Dank wie dem Zeichner, Prof. Dr. Andreas Breinbauer, für die karikaturistische Umsetzung der wesentlichen Botschaften, Chris Scheidl für die exzellenten und wunderbar unperfekten Aufnahmen im Tonstudio und Klaus Aichberger, der meiner Hauptfigur *Gotthard* seine Stimme lieh und mit viel Geduld bei den Vorbereitungen dabei war.

An dieser Stelle wollte ich mich auch bei meinen Kritikern bedanken. Nachdem diese aber leider mein Buch weder kaufen noch lesen werden, kann ich ihnen nur indirekt DANKE sagen für die tollen Anstöße und Beiträge. Ohne sie hätte ich vieles nicht in der Praxis überprüfen und ausprobieren können. *„Ein Kritiker ist wie eine Henne, die gackert, während andere Eier legen."*, meint Giovanni Guareschi. Ich persönlich sehe das nicht ganz so eng, denn ich habe gelernt, nur das zu kaufen, was mir im Moment hilfreich und nützlich erscheint und dafür bin ich wirklich sehr dankbar.

Und nun zu guter Letzt, liebe Leserin/lieber Leser; liebe Hörerin/lieber Hörer, ein Danke an Sie! Dass Sie es bis hierher geschafft haben, ringt mir das größte aller Dankesworte ab.

Sie sind die lebendige Repräsentation des größten Wunders, das existiert, vergessen Sie das nicht! Sie sind einmalig und einzigartig zugleich. Durch Ihr Sein kann die Welt ein Ort werden, in dem Menschen wieder Mensch sein können. Ein Ort der Begegnung und des Austausches. Ein Ort des Respekts und der Wertschätzung. Vielleicht gelingt es uns gemeinsam, die Unterschiedlichkeit von uns Menschen nicht nur auszuhalten, sondern uns daran zu erfreuen und voller Stolz auf diese Schöpfungsvielfalt hinzuschauen. Für diesen Blick möchte ich mich jetzt schon bedanken und Ihnen Gottes Segen und alles Gute wünschen.

Und jetzt... **LEBEN SIE LOS!**

Quellen und Literaturverweise

Birkenbihl, Vera F.:
Das „neue" Stroh im Kopf? Vom Gehirn-Besitzer zum Gehirn-Benützer. Offenbach: Gabal Verlag, 37. Auflage, 2000

Birkenbihl, Vera F.:
Das innere Archiv. Offenbach. Gabal Verlag, 4. erweiterte Auflage, 2007

Braun, Roman; Gawlas, Helmut; Maywald, Fritz:
Führen ohne Drama. Die 8 größten Führungsirrtümer gelöst durch Trinergy-Strategien. Wien: Linde Verlag, 2005

Caspary, Ralf (Hg.):
Lernen und Gehirn. Der Weg zu einer neuen Pädagogik. Freiburg i.B.: Verlag Herder, 7. Auflage, 2010

Chabris, Christopher; Simons, Daniel:
Der unsichtbare Gorilla. Wie unser Gehirn sich täuschen lässt. München: Piper Verlag, 2011

Coelho, Paulo:
Sei wie der Fluss, der still die Nacht durchströmt. Zürich: Diogenes, 2008

Csikszentmihalya, Mihaly:
Flow: Das Geheimnis des Glücks. Stuttgart: Klett-Cotta, 1999

De Shazer, Steve:
Der Dreh. Überraschende Wendungen und Lösungen in der Kurzzeittherpaie. Heidelberg: Carl Auer Verlag, 2015

De Shazer, Steve; Dolan, Yvonne M.:
Mehr als ein Wunder: Lösungsfokussierte Kurzzeittherapie heute. Heidelberg: Carl Auer Verlag, 2008

Ferrari, Elisabeth:
Konflikte lösen mit Syst. Ein Handbuch. Aachen, FerrariMedia, 2015

Frankl, Vitkor E.:
...trotzdem Ja zum Leben sagen. Ein Psychologe erlebt das Konzentrationslager. München, Deutscher Taschenbuch Verlag, 29. Auflage, 2008

Gilbert, Daniel:
Ins Glück stolpern. Über die Unvorhersehbarkeit dessen, was wir uns am meisten wünschen. München: Riemann Verlag, 2. Auflage, 2006

Hadinger, Boglarka; Kurz, Wolfram:
Sinnvoll leben lernen. Tübingen: Verlag Lebenskunst, 1999

Hargens, Jürgen:
Systemische Therapie ... und gut. Ein Lehrstück mit Hägar. Basel: SolArgent Media AG, 4. unveränd. Auflage, 2013

Hill, Napoleon:
Denke nach und werde reich. Die 13 Gesetze des Erfolgs. Kreuzlingen, München: deutsche Ausgabe Hugendubel Verlag, 2000

Hüther, Gerald:
Bedienungsanleitung für ein menschliches Gehirn. Göttingen, Vandenhoeck & Ruprecht, 2016

Hüther, Gerald:
Biologie der Angst. Wie aus Stress Gefühle werden. Göttingen, Vandenhoeck & Ruprecht, 13. Auflage, 2016

Hüther, Gerald:
Was wir sind und wer wir sein könnten. Ein neurobiologischer Mutmacher. Frankfurt/M: S. Fischer Verlag, 2011

Kübler-Ross, Elisabeth: *Über den Tod und das Leben danach.* Güllersheim: Die Silberschnur, 40. Auflage 2012

Längle, Alfred:
Sinnvoll leben. Eine praktische Anleitung der Logotherapie. St. Pölten-Salzburg: Residenz Verlag, 2007

Lütz, Manfred:
Wie Sie unvermeidlich glücklich werden. Eine Psychologie des Gelingens. 2. Auflage. Gütersloh, München: Gütersloher Verlagshaus, 2015

Maslow, Abraham H.:
Die Psychologie der Wissenschaft. Neue Wege der Wahrnehmung und des Denkens. München: Goldmann Verlag, 1977

Moestl, Bernhard:
Shaolin. Du musst nicht kämpfen, um zu siegen. Mit der Kraft des Denkens zu Ruhe, Klarheit und innerer Stärke. München: Knaur Verlag, 2008

Rosenow, Jens:
Motivation: Theorie und Praxis nach der Zweifaktoren-Theorie nach Herzberg. München: Grin Verlag, 2006

Schlick, Christoph:
Was meinem Leben echten Sinn gibt. Die wichtigsten Lebensfragen klären. München: Scorpio Verlag GmbH & Co KG, 2017

Schulz von Thun, Friedemann:
Miteinander Reden 3. Das innere Team und situationsgerechte Kommunikation. Hamburg: Rotwohlt Taschenbuch Verlag GmbH, 8. Auflage, 2001

Seligman, Martin E.P.:
Pessimisten küsst man nicht. Optimismus kann man lernen. München: Knaur Verlag, 1993

Selye, Hans: *Stress beherrscht unser Leben.* München: Heyne Verlag, 1991

Shoshanna, Brenda:
Zen und die Kunst, sich zu verlieben. Frankfurt am Main: S. Fischer Verlag, 2. Auflage, 2005

Sparrer, Insa: *Einführung in Lösungsfokussierung und Systemische Strukturaufstellungen.* Heidelberg: Carl-Auer-Verlag, 4. Auflage, 2017

Spitzer, Manfred: *Das Gehirn - Eine Gebrauchsanleitung.* Rowohlt Taschenbuch, 2005

Spitzer, Manfred: *Geist im Netz. Modelle für Lernen, Denken und Handeln.* Heidelberg: Spektrum Akademischer Verlag, 2000

Spitzer, Manfred: *Lernen: Gehirnforschung und die Schule des Lebens.* Spektrum Akademischer Verlag, 2007

Storch, Maja;
Tschcher, Wolfgang: Embodied communication. Kommunikation beginnt im Körper, nicht im Kopf. Bern: Hans Huber, 2014

Tolle, Eckart:
Jetzt! Die Kraft der Gegenwart. Kamphausen, 6. Aufl., 2002

Von Förster, Heinz:
Sicht und Einsicht. Versuche zu einer operativen Erkenntnistheorie. Vieweg+Teubner, 1985

Von Hirschhausen, Eckart:
Glück kommt selten allein… . Reinbek bei Hamburg: Rowohlt Verlag, 2009

Von Kibéd, Matthias; Sparrer, Insa; Simon, Fritz:
Klare Sicht im Blindflug Schriften zur Systemischen Strukturaufstellung. Heidelberg: Carl Auer Verlag, 2010

Watzlawick, Paul; Beavin, Janet H.; Jackson, Don D.:
Menschliche Kommunikation. Formen Störungen Paradoxien. Bern: Verlag Hans Huber, 12. unveränderte Auflage, 2011

Winfrey, Oprah:
Was ich vom Leben gelernt habe. Frankfurt am Main: S. Fischer Verlag, 2015